アーレントから読む

矢野久美子

みすず書房

アーレントから読む＊目次

アーレントから読む

はじめに

アーレントのプリズムをとおすとき、歴史は違って見えるだろうか。アーレントがもぐった言葉《テクスト》の海のなかからは、何が聞こえてくるだろうか。その一端にふれることは、私たちに動きをもたらす。感じること、考えることへと。

「非人間的なものをなおも人間的にすること」とアーレントは書いた。その言葉は、世界に対する彼女の向きあい方のひとつを表している。アーレントは何を読み、どのように書いて、その想いを表現しただろうか。

話してあげよう、額をこつこつ叩きながら、
　本来そうあるべきはずのお話を、――

まるで一つの家のお話であるかのように、
　そのようなものが語られうるかのように。
彼女の見たものと、わたしたちが見たものとのあいだに
情け深いヴェールをかけることはすまい、――
彼女の見たものが何なのか、その過去も現在も未来も
　言い当てられるかのように。

（大島かおり訳）

アメリカの詩人エドウィン・アーリントン・ロビンソンが一九一四年に書いたこの詩を、アーレントは、ラーエル・ファルンハーゲンの伝記のエピグラムとしている。アーレントは暗い時代に生きた人びとの人生や仕事を読み、引用の織物ともいえる文章を残した。友人メアリー・マッカーシーがアーレントのあるエッセイを読んで想起したT・S・エリオットの言葉を引くなら、アーレントは「これらの断片で」彼女の「廃墟を支えた」。

　アーレントがよりどころとした断片において、二〇世紀という時代はどのように照らしだされているだろうか。そうした断片とともに、彼女自身が目の前の出来事と向きあい、社会のありようを読んでいく、そのいくつかの現場に焦点を合わせてみたい。

アーレントが読んだものをアーレントから読むということは、決着のつかない思考の現場から見るということでもある。複数のコンテクストがゆきかうその場所へと遡るとき、見えてくるもの。それらは私たちの現在と、どのように呼応するだろうか。

こうした問いに加えてもう一つ。「アーレントから読む」とき、アーレントという「他者の言葉」を、少しでもこちらへとたぐりよせることは可能だろうか。バフチンは『小説の言葉』のなかで、他者の言葉が自分の言葉となるのは、「話者がその言葉の中に自分の志向とアクセントを住まわせ、言葉を支配し、言葉を自己の意味と表現の志向性に吸収した時である」と書いていた。アーレント自身はそうした技芸の名手であった。その言葉をわたし自身の意味と表現のなかにわずかでも移しかえ、私たちの現在を考える精神のよりどころにできればと思う。

第一章　生きた屍

一九五〇年七月、ハンナ・アーレントの『思索日記』には次のような書きこみがある。

みな可能性をひきあいに出して現実のもつ衝撃から逃れる。生きた屍《しかばね》。しかしそれでも明らかに、起こったことをなかったことにできないからという理由でのみ、私たちは現実に存在しえているのだ。悔恨の不可能性。(1)

ここで考えたいのは、この数行がもつ意味の広がりについてである。否定したいようなことが起きたとき、あるいは衝撃的な出来事に直面したとき、私たちは不都合な現実を受けいれずに背を向けたり、自分を騙したりすることがある。しかし、私たちが生まれてきたこともふくめて、起こった出来事があるから私たちは実際に存在する。これは意見の問題ではない。現にあるという問題なのだ。では、この「生きた屍」は何を指しているのか。全体的支配の核心である収容所での「生きた屍」、その衝撃的な現実そのものを指すのか、それともそうした現実の衝撃から逃避している者たちみなのことを示しているのだろうか。

「生きた屍」(Lebende Leichname, living corpses)という言葉を、アーレントは一九四九年に書きあげた『全体主義の起原』の、強制収容所および絶滅収容所の分析において使っている。そこで彼女は、「地獄」とはメタファーではなく、人間が地上に作り出した現実だと強調している。アーレントにとって全体的支配の先例のなさは、大量殺戮そのものにではなく、人間というものを根絶しようとするその過程・方法にあった。そこでは「狂気じみた大量の屍体製造が行なわれる前に生きた屍体を作ることが行なわれる[2]」。

全体主義の支配は、無実の人びとをその行為とは無関係に収容所に送るという仕方で、人間の法的人格を抹殺した。行為を無意味化し、人間を余計なものにする周到な第一歩として、収容所は無罪の人びとを必要とする。そして、あらゆる人間的連帯や人間の良心を破壊する生活環境は、犠牲者すらをも巻き込む全体的犯罪システムを仕上げて、人間の道徳的人格を殺害した。さらに、収容所で被収容者の肉体と精神を徹底的に痛めつくすことによって、個人の人格、一人一人のアイデンティティ、人間の自発性、人間の尊厳を崩壊させた。こうして、極限状況のなかで、多様な人間であったはずの人びとは感情や生への衝動を失い、たんなる反応の塊、「生きた屍」となった。のちにジョルジョ・アガンベンが「人間と非-人間のあいだの閾の存在」として考察したこの存在は、「回教徒《ムーゼルマン》」とも呼ばれ、プリモ・レーヴィの言葉によれば「収容所の中核」をなしていた(3)。

収容所は全体主義体制の「実験室」であった。全体主義体制はその「実験室」で、人間を全体的に支配すること、人間の本質を変えること、全体主義にはすべてが可能であることを証明しようとした。人間の自発性を除去し、「現に存在しない」種類の人間を作り出そうとした。そして人間が人間でなくなるような地点、死ぬことも生きることもできない犠牲者を、恒常的に作り続けた。「死の直前の状態を恒久化すること」を可能にしたのである。

こうした実験は外界からの隔絶と一体であったとアーレントは強調する。全体主義体制は、そこで作り上げられた虚構的世界を安定させるために、外の多様な世界からの隔離を必要とした。それと同じように収容所は、社会からの遮断を必要としていた。「全体主義体制の安定が運動の虚構的世界の外界からの隔絶に依存するように、強制収容所における全体的支配の実験は、全体主義的に統治されている国の内部においてすら収容所が確実に他のすべての社会、生きている人間の世界から遮断されていることに依存する(4)」。

社会および人間世界からの遮断は、全体的支配を理解することの難しさにつながった。戦後に明らかにされた絶滅収容所・強制収容所についての報告は、非現実的で信じがたいという印象を与えた。「証言は真実であればあるほど、ますます伝達力を失い、人間の理解力と人間の経験を超えた」[5]のである。生き残った人びとは、「悪夢を現実と取り違えたとでもいうように」自分自身の経験の真実性についての疑惑にとらえられ、その犯罪の途方もなさゆえに、犠牲者の言葉よりもむしろ殺人者の言葉のほうが信じられることになった。全体主義的な嘘は、事実全体を歪め、現実の世界の代わりに虚構の世界を作り出し、それに一貫性を与えた。こうした支配の影響は全体主義以後の世界でも持続し、現実との遮断は簡単には解消されなかったのである。ホロコーストをめぐって悪夢のように今も修正主義的言説がつきまとうのは、そのためでもある。

アーレントは『全体主義の起原』を書き終えたあと、一九四九年十一月から一九五〇年三月にかけて、戦後はじめてドイツをふくむヨーロッパを訪問し、そのさいの経験を一九五〇年十月の『コメンタリー』誌に「ナチ支配の余波――ドイツからの報告」というエッセイとして書いた[6]。もちろん再訪は一九三〇年代に亡命者として出国して以来のことである。そのエッセイで彼女は、ドイツの人びとの現実逃避の姿勢について言及している。本章冒頭に引いた『思索日記』の書きこみは、ちょうどこのエッセイをまとめているころのものだと推測できる。

彼女の再訪当時、ナチ・ドイツが引き起こし、一九三九年から一九四五年までの六年にわたった戦争の爪痕は、まだ生々しかった。多くの都市が連合軍の爆撃によって破壊され、瓦礫の原野が広がっていた。強制収容所や絶滅収容所における大量殺戮の実態が明らかになり、将来の戦争に対する恐怖もあいまって、ヨーロッパでは終末的破局の雰囲気すら漂っていた。荒廃したドイツの地には、東部地域、バルカン半島、東ヨーロッパなどかつての占領地域から敗戦の結果として追放され、難民となった数百万のドイツ語話者が流れ込んでいた。ヨーロッパの諸民族は「同じ領域でドイツ人と一緒に住まなければならないと考えただけで、憤怒よりも恐怖にとらわれた」という。アーレントによれば、さらなる難民の増大と住民の根こぎをもたらした戦後処理は、けっして賢明な措置ではなかった。

この滞在のなかで、アーレントは当のドイツほど、こうした破局と恐怖の悪夢が感じられず、語られていない場所はなかったことに気づく。

ドイツの都市の破壊された光景やドイツの強制収容所や絶滅収容所の知識は、憂鬱な雲となってヨーロッパを覆っている。それらすべては先の大戦の記憶をいっそう痛切で持続的なものにしており、将来の戦争への恐怖心をいっそう生々しいものにしている。〔…〕しかし、ドイツそれ自体以上にこの破壊と恐怖の悪夢が感じられ語られていないところはない。反応がないのはどこでも顕著であり、このことが、はたして深い悲しみを認めることをなかば無意識のうちに拒否していることを意味しているのか、それとも、純粋に感じることができないことを意味しているのかは区別しにくい。〔…〕瓦礫の間を歩いて通っていく彼らの無関心さは、死者への哀悼の意の欠如に、あるいは、彼らのなかの難民の運命に対して反応する際の、もしくはむしろ反応できない際の無感動さにまさにその対応物をもっている。このような一般に見られる情動の欠如は、少なくともこの一見して明白な非情さは、しばしば安っぽい感傷に覆われているが、それは、本当に起こったことを直視しそれと折り合いをつけることに対して、根深く、頑固で、往々にして悪意のある拒絶の最も目立った外面的な兆候にほかならない。(7)

「なぜ人類は戦争なんてするのでしょう」という他人事じみた反応に対して、彼女は「平均的なドイツ人は先の大戦の原因を、ナチ体制の行為のうちにではなく、アダムとイヴの楽園追放にいたった出来事のうちに見いだす」と書いている。(8) 戦後ドイツにおけるこのような情動の欠如と無関心については、たとえばアレクサンダー・ミッチャーリッヒとマルガレーテ・ミッチャーリッヒの『喪われた悲哀』やW・G・ゼーバルトの『空襲と文学』などでも論じられてきたが、アーレントは一九四九年の時点でそれを見てとり、いちはやく言葉にしていたわけである。

ナチの犯罪、戦争と敗北の現実は、生活の構造全体を覆っていたが、ドイツ人は衝撃を与えるこのような現実から身を守るさまざまな工夫をこらしていた。「死の工場の現実性」を、他の国民もしうるようなことをしたにすぎないという「たんなる可能性」に変換したり、陰謀説によって自分たちを元気づけたり、次の戦争ではヨーロッパ中の都市がドイツの諸都市のような目に遭うだろうと曖昧な予想を述べたり、といった態度を通して行なわれる現実逃避である。それは、曖昧な可能性をひきあいに出して眼前の現実の衝撃から逃避する心的機制であり、真実から逃れ自分を欺く自己欺瞞であった。

とりわけアーレントにとってこの現実逃避や責任回避のなかの印象的でぞっとする点は、多くの人びとが習慣的に、事実をあたかも意見にすぎないかのように扱っていたことだった。たとえば彼女が出会った一人の女性は、他のことでは「ふつうに知的」であるにもかかわらず、第二次世界大戦の始まりについて、まぎれもない現実を数ある意見の一つとしてうけ流し、まったく誤った情報を信じていた。現実が可能性に変換され、事実が意見に変換される事態は、戦争の問題には限られず、あらゆる領域におよんでいた。

すべてのひとは自分の意見をもつ権利があるという口実のもとにすべてのひとは無知である権利をもつのであり――また、その背後には、意見は本当は問題ではないという暗黙の想定がある。これがまさに重大事であるのは、ただそれによってしばしば議論がどうしようもないものになる（ひとはどこにでも参考文献をたずさえていくわけではない）というばかりでなく、何よりもまず、平均的なドイツ人はこうした何の規制もない討論、事実に対するこのようなニヒリスティックな相対性がデモクラシーの本質であると心底信じているからである。実際、もちろんこれはナチ体制の遺産である。(9)

アーレントは、事実と意見を識別することもあるいは区別する気もないこうした態度や言語反応こそ、ナチ支配の深甚な影響であるとみなした。全体主義のプロパガンダの嘘は「事実というものの重要性を首尾一貫して拒否」し、すべての事実を変更可能なものとし、すべての嘘を真実とする。さらに、長年にわたる全体主義の経験によって、自発的な言論や理解する力、他者とねばりづよく語りあい現実を共有する力を奪われた人びとは、証拠としてつきつけられた途方もない事実に応答する感情や言葉をもたなくなっていた。

事実が意見であるかのように扱われ、意見への権利が無知である権利となり、その背後に意見は重要ではないという想定があるとしたら、そして自分たちの現在地を確認し表現する言葉をそこで失うとしたら、もはや人びとは共通のよりどころ、頼りとすべきものを失う。全体主義は嘘を真実としただけではない。秘密警察や密告体制による恐怖支配は、自由な言論や行為を封じ、人と人との信頼関係だけでなく交流や関係そのものを窒息させ、共有する世界や、同じものを見ているという感覚を失わせた。人びとのあいだにある世界を消滅させられることによって孤立化し、他の人びとからも自分自身からも見捨てられた人間は、経験や現実を無視するイデオロギーの首尾一貫性に魅了され、そのロジックのみをよりどころとするようになる。このように全体主義体制のなかで結晶化し組織化された、他者や物事とのかかわりや信頼を失い、人間が見捨てられた状態を、アーレントは現代大衆社会の現象とみなした。

戦後の占領期に連合軍が行なった非ナチ化政策は、戦争末期のナチ支配の複雑な状況にそぐわず、過去に対する反省を促すことには成功しなかった。さらに、一九四八年六月に西側で通貨改革が始まったことによって、あらゆる分野で猛スピードの再建が進んだ。いわばそれは、戦前の経済や産業を「そっくりそのまま回復」[10]するために着手されたのであり、したがって困窮する人びとを救う福祉のためではなかった。迅速さとビジネスへの集中のなかで、思想や感情を言葉にすることや、過去に対する反省は置きざりにされ、現実や不都合な真実はおおい隠された。

ビジネスが現実に対する彼らの主要な防衛手段となってきたことがわかってくる。しかし、これは現実ではない——現実とはこの廃墟であり、現実とは過去の恐ろしい行為であり、現実とはあなたが忘れている死者のことだ、と叫びたい。だが、彼らは生ける幽霊なのであり、言論や議論、人間的な眼差しや人間らしい心からの哀悼の念は、もはや彼らには届かないのである。(11)

他方、こうした雰囲気のなかで孤立し、心理的にはヒトラーのテロル下のときよりもよりひどい状態にあった人びともいた。ナチ時代末期、体制に反対した人びと、ひそかに敗戦を待ち望んだ人びとのあいだでは、「漠然とではあるが反対の同志的感情」が存在し、「なかば想像的な反抗の魅力」が享受されていたという。(12) 反対を考えること自体が危険であるということが、「目配せや握手のような情動をもった微妙な動作においてのみ表現されればされるほど、連帯の感情をいっそう慰めとなるようにつくりあげた」。(13) わずかな親密性や連帯の感情がある種の慰めとなっていたのである。そうした身ぶりを分かちあっていた人びとにとって、再建の道を邁進する西ドイツの生活が過去を忘れてなにごとも起こらなかったかのように「粗野なエゴイズム」で覆われていくのは、「胸の張り裂けるようなことであった」。

ゲオルク・ジンメルによれば、反対することはわれわれに「関係においては完全に抑圧されていないという感情(14)」を与える。アーレントは、戦争末期のナチに反対する人びとの「情動をもった微妙な動作」に加えて、成立後まもない東ドイツでの人びとの様子においてのこの兆しについても書きとめている。ソ連主導の秘密警察組織はすでに作られていたが、のちに強大となるシュタージの監視支配はこの時点ではまだ国民の全生活を包囲してはおらず、少なからぬ人びとが、警察への嫌悪をふくむささやかな情動や、圧政下の現実に生きているという感覚を共有することができていた。こうしたわずかな連帯感の魅力ゆえに、東側地区から西側への移住を決断できないでいる人びとがいたという。

今日東側地区の警察体制下で、今度はほとんどすべての住民に嫌われているが、よりいっそう強い同志的関係、親密性の雰囲気、そして言葉半分の身ぶり言語がナチ時代よりも広まっていて、その結果、西側へ移動しようと決心するのは難しいと考えるのは、まさにしばしば東地区で最良の構成分子であるといえよう(15)。

ナチ支配が大衆の熱狂に迎えられて始まったのに対して、東ドイツの政権は最初から住民に支持されていなかった。しかし、四〇年以上を経て一九八九年にベルリンの壁と東ドイツの体制が崩壊してその組織が明るみになったときには、シュタージは九万人以上の正規職員と、およその二倍の「非公式協力者」をかかえる機関にまで肥大化していた。対外的諜報活動や国内の敵の抹消という任務にとどまらず、「思想を異にする者」、「敵対的かつ否定的な態度の持ち主」と見なされた者の徹底的監視が行なわれ、同僚や隣人、友人や家族による密告も日常的な行為になっていた。

シュタージの存在はつねに人びとを怯えさせるものであったが、その裾野の驚くべき広がりを人びとが全面的に自覚するのはドイツ統一後のことであり、その時期に判明した親しい者による密告と裏切りの事実は、個人および社会に深い傷を残した。四〇年続いた東ドイツには、ナチの秘密国家警察をはるかに超える規模の密告者網があった。監視対象となっていた自身のファイルに基づいて物語『ファイル――秘密警察《シュタージ》とぼくの同時代史』を著した歴史家ティモシー・ガートン・アッシュによれば、ナチは大衆の支持を背景に国民の自発的告発に頼っていられたのに対して、「東ドイツでは、政権はそもそもの初めから人気がなかったうえに、長く続けば続くほどこの巨大な密告者網に頼るようになった[16]」。

一九八五年の夏、わたしは二カ月間、東ドイツの街イエナでドイツ語を学ぶためにホームステイしたことがある。すでに四〇年近く前のことだ。ホストファミリーの友人や親戚をはじめ、ホストファミリーが親しくしていた人たちと、ほぼ知り合いになった。われながらすごいコミュニケーション力だったと思う。もちろんその時でも、当時のわたしなりに、個人の生活におよぶ政治的な何かについて感じることはあったが、全体としてはむしろ人びとのあいだの親密な交友関係に強い印象を受けた。シュタージや「非公式協力者」の密告などが身近に存在しうるとはまったく想像もしていなかった。その家族は統一後も自分たちのファイルをあえて閲覧しなかったと思うが、おそらく彼ら彼女らのシュタージ・ファイルは存在するだろう。ガートン・アッシュは書いている。

ファイルのなかにみつかるのは、悪意というよりは人間の弱さであり、その数限りない集積なのだ。そしてその渦中にいた人と語るとき、ぼくたちが発見するのは、意図的な不正直ではなく、ぼくたち人間の、ほとんど無限ともいえる自己欺瞞の能力なのだ。(17)

「そもそもの初めから人気がなかった」政権を、東ドイツの人びとは「無限ともいえる自己欺瞞の能力」によって日常のなかで支えてしまった。もちろん一九五三年六月十七日の東ベルリンでの蜂起をはじめとして、政権に対する抵抗の瞬間は何度か生じたが、そのたびごとにシュタージ支配はいっそう強化されていった。そして人びとは外に向けてのわずかな「否」の身ぶりやまなざしの共有という態度を捨て去り、よりいっそう深い自己欺瞞へと転じたのである。

ガートン・アッシュは、「調査の過程で、いっそひとりでもはっきりと邪悪な人物に出会っていればよかった」と書く。密告者たちは、邪悪でも意図的な嘘をついたのでもなく、「状況に左右されおのれを騙し」ただけであった。しかし家族や友人、同僚や隣人を密告するという彼らの行為の総計は、結果として巨大な悪となった。ジャン＝ポール・サルトルが言っているように、自己欺瞞において人は自分自身に対して真実をおおい隠す。「自己欺瞞をおこなう人にとって、かんじんなことは、好ましくない真実をおおいかくすこと、あるいは好ましい誤りを真実としてあらわすことである」[18]。しかし、自分自身に対して真実をおおい隠すときには、他者という外部は、つまり「あざむく者とあざむかれる者との二元性」は存在しない。最初の自己欺瞞的な企てが起こされれば、自己欺瞞は自律的に持続しうる。つまりガートン・アッシュが記していたような、無限ともいえる能力になりうる。アーレントが「ナチ支配の余波」で記したような、過去の恐ろしい行為や廃墟をものともせず、言論や哀悼の届かない「生ける幽霊」は、どこにでも出現しうるかもしれない。

監視の対象となったガートン・アッシュが冷戦下の東西両ベルリンに滞在したのは、ヒトラー政権下のレジスタンスについて研究し、同政権下のベルリンについて博士論文を書くためであった。彼は、東ドイツで人びとが独裁か抵抗かという「終わりのない困難な選択を現実に生きている」ということに惹かれていたともいう[19]。また、若いころに批評家のジョージ・スタイナーから感銘をうけ、「優れたヨーロッパ文化と組織だった非人道性」の接近現象、「文明と野蛮のきわみ」を「ゲーテの樫」と呼んでいた[20]。詩人ゲーテが「旅人の夜の歌」をその木陰で書いたというワイマールの樫の木は、ブーヘンヴァルト強制収容所の敷地内に位置したからだ。

スタイナーは『青髭の城にて——文化の再定義への覚書』で、二〇世紀に「われわれが経験した野蛮行為」と「その行為を発生させた文明」の接近、大量殺戮および収容所と芸術や科学の発展の近さに目をそむけないことの重要性をくりかえし強調していた。二一世紀に生きる私たちもまた、「生きた屍」と「生ける幽霊」の現在形に対して、「絶えず鋭く焦点を合わせ続けなければならない(21)」。

第二章　難民について

オーストリア＝ハンガリー帝国のブダペストに生まれ、一九二〇年にホルティ政権下の権威主義的ハンガリーからドイツへ、その後ナチ・ドイツからイギリスへと亡命した社会学者カール・マンハイムは、「本音」をあばき出すことを武器とする「正体暴露」という営みについて指摘している。それは言ってみれば共生の解体を生む過程である。まずマンハイムの言葉を確認しよう。

無意識的なものを頼りの綱にする行き方は、とかく多種多様な観点がその根をおろしている土壌を掘りおこす傾向にはしるからである。つまり、これまで人間の思考が滋養分を摂取してきたその根が、掘りかえされ、白日のもとに曝《さら》されるのである。(1)

滋養となる土壌には多種多様なものが混生しているが、土壌を掘りおこして、根が枯れかけたとき、エネルギーはいったいどこから供給されるだろうか。わたしはこのくだりを読んだとき、「根」という形象がとても気になった。アーレントも、『全体主義の起原』において、根無し草的なものと種族的ナショナリズムや人種主義との結びつきに着目しているからである。アーレントはまた、自由主義的・人道主義的理念をきれいごととして侮蔑する「血の共同体」という観念が、根無し草的大衆の必要性に合致して、全体主義運動の構成要素になっていくと指摘していた。「ナチ支配の余波」では「全体主義は根を殺す」[2]と書きとめ、『思索日記』では「根の喪失の形象」と記している。

追放された人びとは、たいてい根をおき去りにし、いわばひき剝がされ、つまり根なしということの正確な意味で根を失っている。根をもち出すことに成功した人びとにとって、これらはいまや根をおろしていた土壌がなく、もはや生産力がなく、いわば無駄足を運んだということだ。故郷にとどまるのを許された人びとにあっては、根をおろしていた地盤と土壌が足元で洗い流され、彼らの根はうまくいっても白日のもとに曝され、二重に衰弱している。滋養を与える土壌を奪われた萎縮によって、そして見えることの明るみそのも

のによって、つまり保護を与える暗がりの欠如によって、いわば秘密の破壊によって。(3)

故郷を追われたことによる根の切断、土壌を失ったことによる不毛化、加えて排斥の現場で起こる足場の喪失。多様なものが根をはり混ざりあう地盤の消失は、故郷にとどまった人びとにも影響を与える。ここで言われる思考や行為の根こぎ状態は、地球規模の人の移動や大量の難民を生み出し続ける現在の世界においても、なおも私たちの生の条件になっている。憎悪や蔑視も蔓延している。マンハイムも、人びとが「無意識の動機」についていったん認識した以上、それ以前と同じやり方で生活することは不可能だと述べていた。

アーレントは、ヒトラーが政権を獲得した一九三三年にドイツを出てから一九五一年にアメリカ国籍を得るまで、難民・無国籍状態を経験していた。一九四〇年まで亡命生活を送ったパリでは、ユダヤ難民を支援するソーシャルワークに携わっていたが、フランスで一九四〇年に対独協力政権であるヴィシー政権が生まれたために、一九四一年にさらにアメリカ合衆国に逃れざるをえなかった。それは、宗教や政治的理由による個人としての、つまり特定の人物としての亡命ではなく、「ある人種の一員としての迫害」を避ける大量難民の一人としての経験であった。「一九三三年以後ドイツから、そして一九四〇年以後はヨーロッパから追い出されているユダヤ人は、まさしく文字どおり法の外で生きている」、「ユダヤ人が喜んでうけいれられる場所はない」[4]とアーレントが書くとき、それはまず彼女自身の物語である。
アーレントは一九三〇年代後半に反ユダヤ主義の研究に取り組み、すでに一九三〇年代末にはそれに関する本格的な論文[5]を書いていた。同時に、第一次世界大戦後のマイノリティ条約（少数民族条約）や少数民族問題についても考察を始めていた。[6]「すべてのマイノリティ立法がめざしていたのは、マイノリティの脱政治化であった」とアーレントは書いている。つまりマイノリティ立法のアジェンダとは、少数言語や宗教や文化の保護であり、そこで想定されていたのは、少数派の一時的な保護措置と「痛みのない同化」だったのである。[7]当時、頻繁に開かれていた国際会議では、ナショナル・マイノリティの「ナショナル」という言葉の使用をめぐって攻防がくりひろげられた。しかし、マイノリティの政治は「厳然と立ちはだかる国家主権」に敗れた。その後、国民国家体制では「どこにも居住権をもたず、どの領事館によっても保護されない膨大な数の人間」が、「現代史の最も重要な産物である」大量の無国籍者が現われたのである。[8]
これらの考察を、アーレントはニューヨーク到着から半年後の一九四一年秋以降、ドイツ語圏出身のユダヤ人向けの新聞『アウフバウ』紙上で展開する。
先の戦争〔第一次世界大戦〕のおわりにヨーロッパ諸国の政治家たちが、マイノリティ条約は民族問題を抜本的に解決したと考えたときには、すでに大量の難民の第一波がヨーロッパにあふれ出していた。そして、それ以後すべてのヨーロッパ諸国の住民たちがその渦に巻きこまれた。ロシア出身の無国籍難民にはハンガリーからの無国籍難民がつづき、それからイタリア難民が発生した。すこし間をおいてドイツ人とオーストリア人がその列に加わった。今日ではもはや――イギリスを除いて――ヨーロッパ諸国のなかで、人数に差はあれ自国の市民から市民権を剝奪して外国に追放し、どのような領事的保護や法的保護もあたえずに、彼らを他国の善意や悪意に委ねるということをしてこなかった国はない(9)。

第一次世界大戦後の民族自決権拡大にともなう少数民族への対応策として、当時のマイノリティ条約は失敗した。フランスのブリアンやイギリスのチェンバレンら連合国の政治家たちは、少数民族に対して、大きな家族のなかの小さな家族として国家全体に調和すること、帰属国の忠実な一員となることを求めた。西欧の国民国家を模倣した新しい国々は、その国のなかに入れ子状に暮らす少数民族の同化あるいは消滅を願い、オーストリア＝ハンガリー帝国と帝政ロシアの解体後の「多民族の混在地帯」には諸民族のあいだで憎悪が生じ、秩序をもたらすことはできなかった。少数民族のほうは、さまざまな少数民族のあいだの理念的連帯よりも、自民族を優先した民族的な利害、自分たちの同民族との領土の枠を超えた紐帯を追求した。さらには、第一次世界大戦以来、革命や内戦によって大量の難民が発生して民族の大移動が起こり、同時に、すでに自国民となっていたはずの出身の異なる人びとに対する、国家による国籍の剥奪や帰化取り消しも始まっていた。

「誰が市民で誰がそうでないか」を国民国家が主権にもとづいて決定しはじめたとき、政府が大量の自国市民から国籍を剝奪しはじめたとき、国民国家の主権は矛盾に陥った、とアーレントは言う。マイノリティに関する立法は民族問題を解決するどころか、施行された一九二〇年の時点ですでにひどく遅れたもの、状況に適さないものとなっていたのである。無国籍者の問題に対応する国際的な立法措置は存在しなかった。「無国籍者はあらゆる法の埒外に立っている」とアーレントは書く。

ヨーロッパでこの根本的な権利喪失状態をとりつくろうことができるような帰化のかたちはもうなくなっていた。いつもあまりに多くの帰化市民がいたし、分別のある者はだれしも、政権にわずかな変化が起こっただけで前政権下のすべての帰化が取り消されるということに気づかないわけにはいかなかった。帰化していようといまいと、強制収容所は彼らをいつも待ちかまえていた。(10)

あらゆる法の外に立つことは「他者の同情に完全に依存し、むき出しのたんなる人間である」ということを意味した。アーレントは、一九四三年のエッセイ「われら難民」のなかで、「ひとが聞きたがらない事実」を語っている。(11)

かつての亡命者とは、自分の行為や政治的意見のために避難を強いられた者のことだったが、行為や意見に関係なく避難せざるをえなかった「われら難民」は、脱出の経緯を隠し、自分たちを「新参者」や「移民」と呼びあう。「いかなる種類のパスポートを所持しているのか、出生証明書はどこで書かれたのかと詮索されるのを嫌になるほど慎重に避ける」。ユダヤ人であること、難民であることを隠し、むしろアイデンティティを変えようとする。国籍を求めてどこの地でも愛国者となる。難民ではいたくない、ユダヤ人でいたくないから、英語話者のふりをする。無国籍者の大半はユダヤ人だから、自分を無国籍者とは呼ばない。

われわれがユダヤ人にほかならないという真実をまず告げることからはじめるべきだというなら、それは、いかなる明確な法律や政治協定にもまもられていない、つまり人間以外のなにものでもない、そうした人間の運命にわが身をさらすということを意味している。(12)

「人間以外のなにものでもない」ことは、何の法律にも協定にもまもられない、何の権利ももたないことを意味した。剝き出しの存在であるという事実は、隣人に知られたくないことであった。しかし、これに対してアーレントは、「われら難民」に、現実から目をそむけないことを求めた。剝き出しの存在であることの恐ろしさを直視し、難民以外の読者にこうした難民の境遇の意味するところを伝えるべきだとしたのである。

アーレント自身の経験がきざみこまれたこうした省察は、『全体主義の起原』の第九章（第二巻「帝国主義」の終章）「国民国家の没落と人権の終焉」の叙述にも活かされている。そのなかでアーレントはあらためて、第一次世界大戦以後のヨーロッパで膨大な数の少数民族・無国籍者・難民が生まれた状況を、国民国家制度の崩壊と関連づけながら論じ、「民族－領土－国家の旧来の三位一体」から放り出された人びとが「権利をもつ権利」を奪われる構造を、徹底的に掘りさげている。(13)

人々は奪うべからざる権利、譲渡することのできぬ人権について語るとき、この権利はあらゆる政府から自立した権利であり、あらゆる人間に具わる権利としてすべての政府によって尊重されるべきだと考えてきた。ところが今、政府の保護を失い公民の権利を享受し得ず、したがって生まれながらに持つはずの最低限の権利に頼るしかなくなった人々があらわれた瞬間に、彼らにこの権利を保証し得る者はまったく存在せず、いかなる国家的も

しくは国際的権威もそれを護る用意がないことが突如として明らかになった。(14)

近代の政治革命による「法の前の平等」は人間そのものを権威の源泉としたが、「人間一般」などはどこにも存在せず、「人間」は国家の「人民の一員」に解消されてしまう。つまり「人権」は「人民主権」と結合され、人民に属さない人びとには権利が保障されない。国民としての権利の喪失は人権と見なされてきた諸権利を失うという結果をもたらし、「現実に人権にしか頼れなくなった瞬間に」人権の概念は崩れ去った。

ジョルジョ・アガンベンの考察は、こうしたアーレントの議論を理論的に継承している。難民という存在は「生まれ」と国民、人間と市民を結びつける近代国家の暗黙の虚構を危機にさらす。アガンベンは、剝き出しの生として現われる難民という「形象」を政治的に定義づけることの難しさを論じた。さらに、難民が「人道的なもの」にされることによって政治的なものから分離されると指摘し、剝き出しの生が例外化されることがない政治をめざして、「難民という概念(および難民が表象する生の形象)を人権概念からきっぱりと分離しなければならない」と述べている。(15)

ところで、アーレントによれば、『全体主義の起原』はしばしば誤解をうけるように全体主義の「起原」をただ論じたものではなく、「全体主義のなかに具現化されていった諸要素」に歴史的な説明を与える企てであった[16]。彼女が行なったのは、全体主義の歴史をたどるのではなく「全体主義の主要な要素を発見し、それらを歴史的な観点から分析し、私が適切で必要と考えるかぎりでこれらの要素を歴史を遡って跡づけること」であった。そのアプローチは「事実と出来事から出発している[17]」。そして、それらの要素が全体主義に因果関係的に直結するとも考えない。だからこそ、彼女の諸要素の分析は、全体主義に注意深く抵抗するための思考の手がかりを与えてくれるのである。これは同書の性格のもっとも重要な点だ。

たとえば、全体主義の要素としての法の崩壊と人権の否定は、「歴史的な観点から分析された」無国籍者・難民の問題とどのようにかかわっているだろうか。アーレントの分析を手がかりにして、行き場のない難民たちを排除するとき、私たちの社会には何が起こっているのか考えてみよう。

全体主義政権は、「世界征服政策を進める」ためにも国民国家を破壊する必要があり、国民国家を内部から崩壊させるべく無国籍者グループを意識的に増大させた。

帰化取り消しと国籍剥奪は全体主義政権の国際政治における最も効果的な武器の一つだった。なぜならこの方法によって、自国の憲法の枠内では追放されてきた人間に基本的人権を保証することのできない諸外国に、全体主義政権自身の基準をとることを強制できたからである。迫害者によって人間の屑として国外に放逐された者は誰であろうと――ユダヤ人、トロツキスト、その他もろもろの――どこでもやはり人間の屑として扱われ、迫害者が望ましくない厄介者だと宣告した人間はどこに逃れようと厄介者の外国人と見なされた。[18]

アーレントは、一九三八年のSS（親衛隊）の機関紙『黒色兵団』に掲載されていたある主張に注目する。それは、「ユダヤ人が人間の屑であることを明らかにまだ信じられないでいる世界は、いずれユダヤ人が金も国籍もパスポートもなしに群れをなして国境を追われるようになればきっと目が開くだろう」というものであった。[19]

ナチはユダヤ人を大量の貧しい難民として放逐し、他国が受け入れない状況を作り上げた。それは自分たちの基準を他国に広げるためでもあった。全体主義政権は、帰化取り消しと国籍剝奪によって、法的人格を奪われた無国籍者のグループを増大させると同時に、その措置をつうじて、それらの人びとを受け入れる用意のない民主主義諸国のナチ政策に対する抗議の偽善性を証明しようとする。迫害者によって「人間の屑」や「厄介者」と見なされる人びとが、逃れた先でも同様にあつかわれる。そうして法の外部に追いやられる人びとが増加することにより、人間の共生において法が適用されない地帯が広がった。このように全体主義運動は法の支配を解体し、国民国家を内部崩壊へと導いたが、じつはこの崩壊は、第一次世界大戦後、民族自決権が認められたときに始まっていた、と彼女は分析したのである。

マイノリティ条約について、国際連盟で「同化不可能な人々に対してまで法的保護を適用せよとはいかなる国にも要求しえない」と語られていたことを、アーレントはけっして見逃さない。国民国家は法の支配に立脚するものであるが、その国家がネイションによって「征服」されてしまったのである。少数民族や無国籍者や難民の排除は、国家が法的な制度からナショナルな制度へと変質したことを意味していた。

このことはまた、ナショナルな利害が法的な性質の考慮のすべてに優先するとされたことを意味するにほかならず、別の言葉で言えば、「ドイツ民族を益することがすなわち正しいこと」となったのである。このモッブの言葉は他の場合と同様に、世論がもともと確信し、公的政治が遠慮がちにせよもともと計算に入れていたことを、恥知らずな露骨さで表現したにすぎなかった。〔…〕ネイションと国家の間の、人民の意志と法の間の、ナショナルな利害と法的諸制度の間の、つねに不安定な均衡が破れ、デマゴギーに煽動されやすい人民の意志や、つねにショーヴィニズムに傾きやすいネイションや、もはや真の国民の利益ですらない利益が力を得るようになると、国民国家の内部崩壊は非常な速さで進行するようになる。ただしその速度は歴史的には何年とか何カ月とかではなく、十年を単位に数えることとは、はっきりさせておく必要がある。[20]

第一次世界大戦後の無国籍者・難民の大量発生は、全体主義において結晶化した。そして全体主義の歴史的背景となった。「ユダヤ人問題のヒトラー流の解決」とは、ドイツ・ユダヤ人を無国籍にして追放し、最後には「ふたたびひとり残さず集めて」絶滅収容所に送り込むことだった。しかもアーレントは、戦後に行なわれた「ユダヤ人問題の解決」、すなわち今度はユダヤ人がパレスチナに入植しパレスチナの民の領土を奪うことは、無国籍者・難民問題の解決にはつながらなかったということも強調している。それはただアラブ人難民、パレスチナ難民を生み、そこで今度は膨大な数の無権利者を生みだしたからである。パレスチナで起こったことは、インド大陸、そして世界の国々で今にいたるまでくりかえされている。[21] 彼女は、「人間以外のなにものでもない」無権利者の状態は悪化の一途をたどっているとし、「収容所が"displaced persons"（難民・居場所なき人）の居住地問題のお決まりの解決策となってしまった」と書いていたが、第二次世界大戦後の人道的努力の存在にもかかわらず、私たちにとってもこの指摘が過去のものになったとは言えない。

人権の喪失が起こるのは、通常人権として数えられる権利のどれかを失ったときではなく、人間が世界における足場を失ったときのみである。この足場によってのみ人間はそもそも諸権利を持ち得るのであり、この足場こそ人間の意見が重みを持ち、その行為が意味を持つための条件をなしている。自分が生まれ落ちた共同体への帰属がもはや自明ではなく絶縁がもはや選択の問題ではなくなったとき、あるいは、犯罪者になる覚悟をしないかぎり自分の行為もしくは怠慢とはまったく関わりなく絶えず危機に襲われるという状況に置かれたとき、そのような人々にとっては市民権において保証される自由とか法の前での平等とかよりもはるかに根本的なものが危くされているのである。[22]

私たちは、この「足場」、あるいは本章の冒頭でマンハイムとアーレントの共通の論点として提示した「根」をめぐる問題に、しっかり目をとめておかなくてはならない。アーレントによれば、「諸権利をもつ権利」とは「人間がその行為と意見に基づいて人から判断されるという関係の成り立つシステムの中で生きる権利」である。[23] それをもたないということは、人間によってつくりあげられ考えだされた「世界への参画」から締め出されるということである。そうした人間の制度の外部で、職業も国籍も意見も行為の成果ももたない「抽象的な人間」、個々の人格を表現する手段を奪われた人間が増え続けるということは、言葉と行為が意味をもたない地帯が世界に増え続けるということだろう。

第三章　世界喪失に抗って

一九四五年八月二日、アーレントはニューヨークからエルサレムの友人クルト・ブルーメンフェルトにあてて書いている。

昔の友人に会う不安はよくわかります。私たちのようなボヘミアン、つまりどこにも根をもたず、環境世界をいわばもち歩いている、あるいはもっと正しくはそれをいつも新しく生み出さざるをえない者たちにとっては、こうした普通に人間的で自然な不安からパニックが生まれやすいのです。自分たちの感受性が（比喩的に言えば）蔵書にも家財道具にも守られていないことを知っているから。[1]

ヨーロッパを再訪したとき、アーレントは古くからの友人たちとの再会をはたすことができた。とくに、戦後ハイデルベルクからスイスのバーゼルに移住した恩師カール・ヤスパースとは、再会前にすでに多くの手紙をやりとりしていた。アーレントの夫ブリュッヒャーは、ヤスパース家に滞在する彼女にあてて、「故郷喪失者」にとっては友達がいるところが家だと書いている。友人たちのなかには「ヒトラーに幻想を抱いた人びと」もいたが、アーレントは率直に話しあい、「なんとなく」関係を修復したという。新しい出会いもあった。すでに見たように、彼女はドイツの人びとの現実逃避や情動の欠如に「ナチ支配の余波」を読みとっていたのだが、ユーモアのセンスや批判の眼をもつ個人に出会えたときには希望を見いだしている。たとえばベルリンでたまたま乗ったハイヤーの運転手は、ユーモアたっぷりに廃墟の街に掲げられたスターリンのプラカードや瓦礫の山を指して揶揄していた。その言葉や身ぶりは彼女を喜ばせた。(2) また、偶然同席した列車のコンパートメントで何げなくかわした会話から始まったケルンの医師ツィルケンスとの交流は、生涯の友人関係になった。

アーレントが友人を大切にしたこと、たくさんの美しい往復書簡を残したこと、しかもそうした友人たちにはいわゆる「公共性の光」とは無縁の人びとも多かったことは、伝記などからもよく知られている。

二〇一七年には五人の女友達との「関係の織物」として、新たな書簡集『あなたなしでどうやって生きるべきか、想像したくありません』が公刊された。[3]アーレントの他の書簡集でもそうだが、この本によっても「生きるに適した距離」や人と人との「あいだ」で紡がれていた現実に触れることができる。言いかえれば、アーレントの日常の言葉と思想との連動を、「生きられたもの」として味わうことができる。その「関係の織物」は世界喪失に対する抗いの技法がどんなものでありうるのかということを伝えてくれるのである。

書簡集の五人の女友達はみなドイツから亡命した人びとであった。その一人ヒルデ・フレンケルとアーレントは、一九三〇年代初めにフランクフルトで知り合ったが、親密になったのは、一九四〇年代初めに難民援助の場で再会してからであった。フレンケルは哲学者パウル・ティリッヒの秘書をしていた人で、アーレントはこの九歳年上の「いわゆる知識人ではない」女性を心から頼りにしていたが、彼女は一九五〇年六月に肺がんで亡くなった。書簡集の「あなたなしでどうやって生きるべきか、想像したくありません」というタイトルはフレンケルあてのアーレントの言葉からとられたものである。一九四九年八月二六日付の手紙では、「この世界で生きるかぎり、ひとは世界のなかで、つまり友人たちと生きるのであって、そもそも自己自身と生きるのではありません」と書いていた。[4]こうした言葉は、彼女が著作で語った人間の複数性や、複数の人間の共存にかかわる政治的なものについての思考と響きあっている。

アーレントは、『人間の条件』『活動的生』においてラテン語のフレーズを引きながら、生きることは「人びとのあいだにとどまること」(inter homines esse) であり、死ぬとは「人びとのあいだにとどまるのを止めること」(desinere inter homines esse) であると述べている。(5) 人びととは「人間一般の理念」ではなく、一人一人が異なる複数の人びとだということである。アーレントにとって多数の人間がこの世界に住んでいるという「厳然たる」事実は、人びとが語り活動することの条件であった。言葉や行為は、ときに摩擦や敵対があるとしても、あくまでその現実を分かちあう他者に依存している。

アーレントは、偶然の出会いをふくめて自分と異なる他者とのあいだで生きることを、行為できること、動きがあること、つまり自由であることと結びつけた。しかし、行為というものはたとえ自発的に始められたものであったとしても、他の行為者(他者)との関係の網の目のなかに巻き込まれるために、その結果は予測不可能であると同時に、「なかったことにできない」出来事も生じる。こうしたことから、西洋思想には、人格の主権と自由を保持するには、「隠遁」し一人で生きたほうがよいというストア派的な系譜も連綿と存在してきた。しかし、アーレントによれば、それこそが主権と自由の等置という、政治思想と哲学の伝統が前提としていた「誤謬」でもあった。

主権と自由が本当に同一であったとしたら、人間は事実上、決して自由ではありえないだろう。なぜなら、主権とは自己自身に対する無制約で絶対的な自律と支配のことだが、それは、複数性によって制約されているという人間の条件そのものに矛盾するからである。人間は誰も主権的とはいえない。なぜなら、この地上に住んでいるのは、単数形の人ではなく、複数形の人間だからである。(6)

他の人びととの関係の織物から離れ、独立して主権のうちに身を保つというのは、人間本来の「弱さ」から目をそむけることでもある。アーレントは、物事を自分自身の思いどおりにはできない人間の「弱さ」とは、複数の人びととのあいだで生きることをふくむ人間の条件にほかならないと述べる。複数性という「厳然たる事実」からすれば、自分で決定できるという主権は想像上のものでしかない。つまり主権が貫かれるときには「現実それ自体」が犠牲にされ、共同世界の現実からの遮断が起こる。複数性からの独立あるいは分離、つまり「政治からの自由」は、現実の遮断や世界からの退去と結びついていた。そうしたなかで人びとが共有する「あいだ」の世界の喪失が起こる。

アーレントは一九五九年、レッシング賞受賞演説のなかで語っている。

世界とそこに住む人びとは同じではありません。世界は人びとのあいだにあり、――しばしば人びとあるいは人間とさえ考えられていますが、そうではない――この「あいだ」こそは、今日地上のほぼすべての国で、最大の懸念と激震の対象となっているのです。世界がまだある程度正常であるか、ある程度正常に保たれている所ですら、公共性は、もともとその最も固有な本質であった光力を失いました。古代の没落以来、政治からの自由を基本的な自由の一つと見なしている西洋世界の諸国の人びとは、この自由を使用し、世界と世界での義務とから退きました。世界からのこうした退却は、人びとの害になるとは限りませんし、それどころか素晴らしい才能を天才的なレベルへと引き上げ、巡り巡って世界の役に立つということもありうるでしょう。ただ、そのような退却のいずれによっても、ほとんど立証できるほどの世界喪失が起こるのです。失われるのは、人とその人とともに生きる人びとのあいだに形成されたかもしれない、特有の、たいていの場合取り替えのきかないあいだの空間です。(7)

全体主義政権下では、人びとの自由な語り合いや共同の行為が消滅し、信頼関係が崩壊し、人びとのあいだのあらゆる紐帯、「あいだ」の世界が失われた。そうした世界喪失は、ナチの敗北によって解消されるようなものではなかった。アーレントは戦後の復興に励む人びとの心性をなおも支配する現実からの遮断という機制を目撃し、その後も理論的にそのことを現代における世界喪失として考え続けた。だから、ハンブルクで行なわれたこの講演は、彼女が戦後の再訪以来考えてきたことを、レッシングをつうじて、あらためてドイツの人びとに語りかけたものであったと言える。

ところで、アーレントがドイツを訪れるたびにケルンの医師ツィルケンスがさまざまな手配をしてくれたことに対して、ブルーメンフェルトはエルサレムから「僕は君のケルンの友達に劣らず、君のことが大好きだ」とユーモアたっぷりに愛情を示している。アーレントの祖父の友人として幼い頃の彼女を知るブルーメンフェルトは、彼女にユダヤ人問題への扉を開いた人物でもある。ブルーメンフェルトの書く手紙は人の心をつかむ「古典的な手紙」（ブリュッヒャー）であり、アーレントにとっては遠方から照らし出される「友情のエロス」であった。彼は受賞演説を絶賛し、「君がそこで話していることすべてを事情通が理解したかどうか知りたいね」(8)と書いた。彼女はそれに対する返信で書いている。

レッシング演説を気に入ってもらえてよかった。それを書いていたとき、その後講演をしたとき、あなたはいつもわたしの目の前に立っていました。わたしが何を語っているかを理解するのは、私たち二人ともあまり評価しない「事情通」ではなくて、あなたなのだということは、わたしには明らかでした。数ページのために全レッシングを再読したのです。(9)

ゴットホルト・エフライム・レッシング（一七二九―一七八一）は、ドイツの啓蒙主義を代表する十八世紀の批評家・劇作家であるが、生前は幸福や賞賛とは無縁の人であった。レッシングが生きたのは、出版禁止や検閲、軍国主義化が横行するプロイセンの専制主義の時代だった。アーレントはレッシング賞受賞講演を「暗い時代の人間性」というタイトルのもとで行なった。「暗い時代」という言葉は、ブレヒトの詩から引いた言葉で、[10] アーレントはこのレッシング講演をふくめて、一九六八年に『暗い時代の人びと』というタイトルをつけた人物論のアンソロジーを英語で出している。レッシングが生きたのも、「靴をよりもしばしば国をはきかえて」ブレヒトやアーレントが生きたのも、まさにその暗い時代だった。

レッシングを語ることをつうじて彼女は、ドイツの人びとに何をどのように伝えようとしただろうか。この時期、つまり一九五〇年代後半、ドイツにおいてはナチ時代の歴史との取り組みはまだ本格的になされておらず、そのためにレッシング賞は、ドイツの旧き良き人文主義の伝統を想起させて現代史の空白を埋めようとする文化政策にかかわっていた。ブルーメンフェルトとアーレントは、やりとりのなかで文芸趣味の「事情通」や専門家を当てこすっているが、講演のテーマがブルジョア文学史のなかで歪んだ礼賛がなされてきたレッシングであることが、読みの可能性を広げていると思う。[11]

『ミンナ・フォン・バルンヘルム』の訳者解説で、小宮曠三は、「書籍にとりかこまれるよりもむしろ、人のなかに暮らすべき時」というレッシングの手紙を引用し、「文化談義とは違う、真実を宿」すレッシングの生き方にふれている。[12] レッシングは若い頃「生きることを学ぶためにも仲間を求めました」、「書物と同じくらい多くのことを、世界のなかでそして人びととの交際のなかで研究するつもりです」と両親に書いている。[13] ブルーメンフェルトも、「レッシングは彼の才能すべてよりも価値がある」、「彼の偉大さは著作よりもむしろ彼の人生にある」と述べている。こうした見方から浮かびあがるのは、ドイツ的教養や人文主義の伝統のなかのレッシングではなく、暗い時代にあって人間的な真実性をきりひらこうとしたレッシングの人間性である。

講演でアーレントは、公的世界に受けいれられることは自明なことではない、と語りかける。レッシングは、ゲーテのような天才について「彼の好みは世界の好みである」と書いていたが、現代では公的なものとの調和は当然のことではなく、天才的なものでさえ世界や公的なものとの矛盾や対立を経験している。しかも、人びとが政治からの自由を求め、共通世界への関心を放棄し、世界から退却することは、一般的に見られる態度である。それによって生じるのは「人びとのあいだにとどまる」生のあり方の喪失という事態であり、すなわち「あいだ」の世界の喪失であった。

複数の異なる人びとが地上に住んでいるということは、人間であるかぎりまさしく所与の現実であるが、言葉や行為によって「あいだ」をつくりだし関係性を形成することは、現代においてますます難しくなっている。つまり複数性という現実を受けいれることが難しくなっている。行ないが見られ言葉が聞かれ共有される公の場、さまざまなパースペクティヴから物事が明らかになっていく空間、つまり公的な領域はもはやほとんど機能していない。

アーレントにとっては、このような時代にこそレッシングを読む意義がある。レッシングは世界に対して批判的であり、世界や公的なものとの調和を見いだそうとはしなかったが、それでいながら世界への義務をつねに感じ続けていた。つまりその生き方において世界喪失に抗った人であった。彼は、啓蒙専制君主フリードリヒ大王の統治下で「ヨーロッパで最も奴隷的な国」に生きていると自覚していたが、むしろ好んで辛辣な批判や論争を行ない、何よりも自由を重視した。レッシングは「もっとも大胆な革命家」であり「徹頭徹尾自由人」であった。[14] 同時に、彼は世界の現実の地盤を離れることはなかった。アーレントは述べている。

彼の世界への姿勢は肯定的なものでも否定的なものでもなく、根本的に批判的なものであって、公的領域に関してはとことん革命的でした。しかし、世界への義務を保ち、その地盤をけっして離れず、何事もユートピアの心酔へと高めることはしませんでした。[15]

レッシングの偉大さは、「いわゆる客観性や公平性」によって批判対象の世界との関係や世界での立ち位置を見失わなかったことにあった。レッシングは世界に加担し、それだけでなく敵対者の加担も認める。ただし論争や攻撃は現実の地盤から乖離してはならない。重要なのは欲望や嫌悪という情熱がもつ現実性の自覚であり、その自覚あるいは意識そのものが快いということである。[16]「すべての情熱は、もっとも不快なものでさえ、情熱として快い」のは、「私たちがそこでかなりの度合いでリアリティを意識するからだ」。この言葉にアーレントは注目する。古代ギリシアの感情論では怒りはもっとも快い情念に数えられ、希望と恐怖は悪いものと見なされていた。この現代人からすれば一見奇妙な区別は、レッシングにおいてそうであるのと同じように、関心が現実性の度合いに向けられていたからだ、とアーレントは言う。それは、「情念が魂を揺さぶる強さによってではなく、情熱がどれくらい多くの現実を魂に伝えるのか」ということで測られるという意味においてである。

希望のなかで魂は現実を飛び越え、恐怖のなかでは現実から退去します。しかし、怒り、とりわけレッシングの怒りは、世界を暴露します。それと同じように、『ミンナ・フォン・バルンヘルム』のレッシングの笑いは、世界と和解し、世界に場所を見つけるほうへ向かわせようとするのです。ただし笑いながら風刺しながら、つまり世界に身売りすることなくそうするのです[17]。

『ミンナ・フォン・バルンヘルム』では、貴族の娘ミンナと彼女に「名誉という亡霊にじっと目を据えるしか能のない殿方」と揶揄される婚約者との恋の喜劇のなかで、プロイセンの政治や戦争が風刺される。アーレントによれば、レッシングにおける怒りや笑いは、世界における位置の発見と結びつく。愉悦によって高まるリアリティ意識は、世界への開放性と世界への愛から生じる。アーレントが戦後ドイツに見られた「情動の欠如」を書きとめていたことを思いおこすと、感情が現実や世界との関係で語られていることは興味深い。悲しみや哀悼の念の欠如は、起こったことを直視しそれと折りあいをつけることへの拒絶的態度を表している。

他方で、世界喪失につながる感情についてもアーレントは語っている。彼女によれば、同胞愛や同情や博愛主義的な感情は、言葉や行為によって互いに異なる人びとがつくりだす「あいだ」の世界とは折りあいが悪い。たとえば、迫害された民族において、身を寄せあうなかでの人間関係の温かさはときには過酷な環境を生きのびることを可能としたが、それにもかかわらずそうしたヒューマニズムは世界の喪失と隣りあわせであった。また、兄弟愛や同情を全人類に広げるべき感情の基盤にしようとしたフランス革命は、そうした熱情が残酷さや暴力に転じかねないことを示した。アーレントは、言葉と行為によって形成される「あいだ」を人間の共通文化とすることができないまま、共通の人間本性や人類愛を称揚するような思考の危うさを警告しているのである。

たしかにレッシング自身は、ルソーやロベスピエールの同時代人として「同情」という共通感情を重視してはいた。しかし、論争を好み、同胞的な距離のなさには耐えられなかった彼は、「生きるに適した距離」を求め、兄弟愛よりも選抜的な友愛のほうを選んだ。この点についてもアーレントは語っている。

けんか好きなまでに論争的であった彼は、すべての差異を消し去るような兄弟愛の距離のなさに、孤独と同じくらい耐えられなかったのです。彼にとって重要だったのは、衝突した相手と本当に仲たがいすることではけっしてなく、世界と世界の物事についての、絶えることなく何度もかき立てられる語りあいによって、非人間的なものをなおも人間的にすることだけでした。(18)

レッシングが一つの真理よりも無限の話しあいのほうを選び、唯一の絶対的真理としての「本物の指輪」が失われたことをむしろ喜んだ、ということをアーレントは強調している。自己自身との孤独な対話ではけっして得ることのできない、「真実はこう見える」という観点の多様性を、レッシングは享受しようとした。多くの声が存在する空間の外にある真理は、どのようなものであっても非人間的だからである。

第四章　自由について

アーレントは「政治の意味は自由である」と言う。政治という、世界に現われる行為を、観客（他者）の存在をともなう遂行的芸術《パフォーマンス》と結びつけて論じることもある。他方で、単独の制作者の意志をつらぬく制作モデルによって政治を捉えることを、彼女は批判した。政治とは「複数の人びと」の共存にかかわるものであり、それぞれの人びとが「始める者」であるのだから、そこでは予測不可能なことが起こる。その予測不可能性によって、新たな行為や自由が生まれる。また、何かを実現・成就しようとすれば、他者との協力が必要になり、他者を頼りにせざるをえない。それはときに不自由にも感じられるが、アーレントはむしろ行為のもつこうした要素を、人間の自由と関連づけたのであった。人間にとって自由とは、人びとのあいだで起こる出来事としての自由である。一人で自由であることはできない。

しかし、私たちが日常的な言葉を用いているとき、「自由と政治」についてどのようなことを連想するだろうか。「学問の自由」、「宗教の自由」、「思想の自由」、「表現の自由」という、近代人にとっては自明とされる言葉がまずはあがってくるだろう。そこにはたいてい、政治からの自由、つまり政治から干渉されない自由、政治からは独立したものとして存在する自由、というニュアンスがふくまれている。もちろんそれは重要な自由の内実であるし、アーレント自身にしても、身をもってこれらの自由が奪われる危機を経験したわけだが、彼女が伝えようとしたのはそういうことではなかった。

そして、彼女の政治的思考は、かならずしも積極的な政治活動を鼓舞するものでもなかった。この点を意外に思う人もいるだろう。彼女が使う「政治」という言葉は、現在私たちが国会や政府や外交の営みなどでイメージするものとは異なるものである。だから私たちの一般的想定とは距離がある。分かった気にはなれない。

本章では、「政治の意味は自由である」という言葉を理解するために、アーレントが一九五八年五月二二日にスイスのチューリヒで行なった講演「自由と政治」を読んでみたい。

これは、「自由への教育」という連続講義に招聘されたさいの講演であったが[1]、講演のタイトルそのものは彼女自身が決めている[2]。アーレントはこの原稿に手を入れ「自由と政治――講演」と題して、同年にドイツの雑誌『ノイエ・ルントシャウ』に発表した[3]。

ここでは、それを収録したウルズラ・ルッツ編のドイツ語版『過去と未来の間』から訳出する。[4] この論稿は、その後英語による講演と『シカゴ・レビュー』への掲載を経て、エッセイ集『過去と未来の間』[5]（英語、一九六八年）をまとめる際に彼女がさらに手を入れた「自由とは何か」という論稿になった。ドイツ語版と英語版は理論的内容が重なる部分も多いが、構成もふくめて違いもかなりあり、とりわけドイツ語版「講演」は学生・聴衆の反応を予想しながら語りかける形になっているので、別の作品と見なしてよいと思う。安易に要約するのではなく、「講演」でのアーレントのロジックに耳を澄ませてみよう。彼女は次のように始めている。

自由と政治の関係について、一回の講演で話すことができるとすれば、それを扱うには、一冊の本でも十分とは言えないからに他なりません。なぜなら、自由は、ごく稀にしか——革命や戦争のときにしか——政治的行為の直接の目的にならないのですが、それは本来的には、そもそも人間が共に生きるなかで政治というような何かが存在する、という意味なのです。[6]

冒頭から自由と政治の結びつきが強調されている。自由は、人間が共に生きるなかでの政治の存在理由であると言う。すぐに、なぜ？と問いたくなるがしばし我慢してみよう。自由とは、

「天賦の人間本性」でもなければ、「外的な強制からの逃避先としての内的自由」でもない。外的な強制から内面の自由に逃げ込むことはあるだろう。しかしそのとき世界からの退却において自己の内部にもち込まれる「経験や要求」は、外部の世界にそもそもの場所をもつ「世界で把握できる現実」であった。彼女は次のように続ける。

もともと自由と不自由を経験するのは、他者との交わりにおいてであって、わたし自身との交わりにおいてではありません。人びとが自由であることができるのは、相互の関係においてだけ、つまり政治と行為の領域においてのみなのです。(7)

私たちは具体的な場面で自由と不自由を感じる。たしかに私たちは、他者とともに何かを行なうとき、思い通りに進まないことや、何かができたりできなかったりすることを自由や不自由として経験する。だから自由について考えるということは、他者との関係の網の目について考えるということでもある。

こうしてアーレントは、政治の介入と内的自由という従来の議論から距離をとり、「世界でのリアリティという意味では、政治と自由は一致する」と強調する。しかし、講演者アーレントは同時に、全体主義以後の今日の世界ではそれが当然だとは思われない状態にあることを踏まえて、聴衆に語りかけているのだ。

全体的支配形態を知ってからというもの、生の全体的な政治化ほど自由を徹底的に廃止するのに適したものはない、と私たちは一般に考えます。(8)

「政治」による生活領域の全体的支配を経験した立場から見ると、自由と政治の一致など疑われて当然である。「自由は政治がなくなるところで始まる」、「政治が少なければ少ないほど自由が増える」、「政治が占める空間が小さいほど自由のために残される空間は大きくなる」と人びとは考える。そして、そうした意見の行き着く先にある今日の自由のありようについて、アーレントは次のように指摘するのである。

そういう次第で、今日の私たちはほとんど当然のように、非政治的営み、つまり経済生活や学術機関での教育活動、宗教の自由や文化的・精神的生活に与えられるべき自由の余地がどのくらいあるかによって、所与の共同体のなかでの自由の大きさを測っているわけです。(9)

こうした政治からの自由と政治的自由の同一視は、じつは政治理論史において大きな役割を果たしてきたのだ、とアーレントは述べる。

とりわけ、十七世紀と十八世紀の政治思想において政治的自由は安全と同一視されていた。たとえばモンテスキューは、「政治的自由は安全にあり、あるいは、少なくとも自己の安全についてもつ確信にある」[10]と述べた。政治と自由の裂け目がさらに拡大した十九世紀と二〇世紀、国家学や経済学において、国家は「社会や個々人の生命過程や生活上の利害を守るべき審級」と見なされた。そのようにして、全体主義を経て「政治」への不信が最大になる以前に、すでに自由は政治と切り離されていたのだった。私たちの実感を言うなら、アーレントの講演から六〇年たった今、こうした傾向はますます顕著になっている。

さて、そこまで論じた後、アーレントは、政治 die Politik という言葉のなかにしみ込む古代ギリシアのポリスの記憶へと注意を促している。『人間の条件』『活動的生』で展開されたこの議論は、しばしば「ノスタルジックな思想家」としてアーレントを批判する場合の典拠ともなっているのだが、今はこの「講演」のロジックに留まってみよう。

アーレントは、「その言葉には、政治的なものが特別の意味で発見されたあの共同体に由来する連想がしみ込んで」いて、「この言葉とそれが連想させるもの」によって、「ポリスから遠く離れてしまった私たちもまた、決定的な点で政治的なものについての彼らの考え方を手放さなかった」と語る。彼女によれば、言葉のなかに経験が沈殿しているからこそ、そこから遠く離れた私たちもまた、あからさまに専制政治を好むことはないのである。政治に安全と生活利害の保護だけを求めるならば、専制政治を拒否する理由はないにもかかわらず、あからさまにそれを好むことはない。言葉のなかにかろうじて、政治への志向が残っているのだ。

全体主義的独裁の最近の経験は、政治についての最古の経験を確認するのに適している、とアーレントは述べる。全体主義において政治的自由の撤廃が実行されるとき、政治活動や意見の公表といった「私たちが政治的権利として理解しているもの」の差し止めだけではすまされず、思想の自由、意志の自由、芸術活動の自由が破壊された。全体主義的独裁が「政治的なものの外部」と見なされている領域を収奪しなければならない理由を、アーレントは次のように述べている。

なぜならそれらにも政治的な要素がふくまれているからです。あるいは、言い方を変えてみましょう。人びとが自由に行為するのを妨げようとするなら、思考し、意志し、制作するのを妨げなければならないのです。なぜなら、どうやらこれらの営みはすべて、それぞれの、そして政治的なものもふくむ理解において、行為と、それとともに自由とを意味するからです。こうしたことからも思うのですが、全体的支配においては生の全体的政治化が成功し、それによって自由が破壊されるのだ、と私たちが考えるとしたら、私たちはその現象をまったく誤解することになります。事態はまさしく正反対なのです。つまり、私たちが相手にしているのは、あらゆる独裁や専制政治においてと同様に、脱政治化の現象なのです。(11)

全体的支配において出現するのは、一般的に考えられているような「生の全体的政治化」ではなく「脱政治化」である、とアーレントが指摘していることは重要である。一般的に私たちが「政治的なもの」とは捉えてはいないさまざまな行為に「政治的な要素」がふくまれているからこそ、全体的支配はあらゆる自由を根絶するのである。人びとが何かを自発的に協力して行なうこと、支配とは別の関係性が人と人とのあいだで生まれていくことを、全体的支配は忌み嫌うのである。

アーレントの「政治の意味は自由である」という言葉を理解するためには、全体的脱政治化による危機の次元から考えなければならない。「政治的な要素」は、アーレントの思考にそって抽出するならば、「自由」、「行為」、「はじまり」、「自発性」、「他者」、「信頼」として表現されてきた。私たちはさまざまな現場で他者とかかわっていて、何かを行なうときには約束したり赦したりということをくりかえしながら信頼関係を築いていくのだが、この関係そのものやそこで開かれる空間が、全体的支配においては「脱政治化」の対象となるのだ。

人間が関係性だけでなくすべてのものへの信頼を失い、「見捨てられた状態」になることが、全体的な脱政治化現象である。アーレントの思考から学ぶということは、私たちが普段から行なっていることのなかに横たわっている政治的次元を、それとして自覚することでもある。「政治からの自由」を保持すれば良いという発想が自明視するスタンスでは、脱政治化をもくろむ政治への動員に足元を掬われかねない。

「講演」に戻ろう。アーレントはその結びを、「政治的に経験された自由の概念の哲学的基礎づけから戻って、その助けによって今一度私たちの現在の政治的経験の領域のなかで、自分たちの位置を見いだそうと試みるなら、次のことが言えるでしょう」と始める。

人類の未来にとっての全体的支配の法外な危険性は、それが専制的で政治的自由を許容しないということよりも、それがあらゆる形の自発性、あらゆる営みのなかでの行為と自由の要素を押し殺してしまうことにある、ということです。暴政のこの恐るべき形態の本質は、奇蹟の可能性、あるいは皆さんに馴染みのある言葉を使うならば、出来事の可能性を政治から排除し、自動的な過程に私たちをひきわたすということです。(12)

アーレントによれば、自由で自発的な行為によって生じる出来事は、人びとの力のおよばないところであたかも自動的に進んでいるかのように見える過程、「これが必然だ」というふうに押しつけられる支配と服従のプロセスを中断することができる。それは、ときに奇蹟であるかのような印象を与える。彼女はそのような自由を「破滅を遮る人間の天分」とも言い換えている。

『全体主義の起原』の末尾で、彼女は「始まりが為されんために人間は創られた」というアウグスティヌスの言葉を引用し、「政治的には始まりは人間の自由と同一のものである」と書いていた。[13]「講演」では、その始まりの可能性が現実のものとなるには他者の存在が必要であることが強調されている。「始まりの能力は単独の人間の天性かもしれませんが、それは世界への関係性と他の人びととの協力のもとでのみ実現可能なのです[14]」として、次のように続けられている。

> 行為することとは、思考することや制作することとは異なり、他者の助けと世界のなかでのみ可能です。共に行為することのなかで、つまりバークが言っていたような » acting in concert « のなかで、始める能力の自由が〈自由であること〉として実現します。[15]

共に行為するとは、皆が同じ行為をすることではない。それぞれが複数の意見や愛情や関心を共有しながら行為するのである。アーレントは、「行為では、最小限のことを達成しようとするときでさえ、自由が新たに為され続けること、数々の新しい始まりが一度始められたもののなかに、いわば新たに流れ込み続けることを頼りにしているのです[16]」と語る。さらには、» acting in concert « を、支配することもされることもない同等者の相互依存、古代ギリシアのイソノミア、つまり支配・非支配関係のない同輩のあいだのあり方と呼応させながら、次のようにも表していた。

行為において始めることと成し遂げることとは、互いに推移しあいます。政治的に言えば、イニシアチブを取って先導し始める者はいつも、彼に合流して手を貸す人びとのあいだで動かなければなりません。従者のなかの主人としてでも、徒弟や職人のなかの親方としてでもなく、彼と同等の人びとのあいだで動くのと同じように[17]。

「始めることと成し遂げることが互いに推移しあう」人と人とのあいだの行為のかたち、誰かが始めた音を誰かが続けてくれること、一人では可能でない自由の味わい。そのこと自体に意味があるのだ。

第五章　理解という営み

アーレントは一九六四年のインタヴューのなかで、自分にとって重要なのは「私は理解しなければならない」ということだと語っている。そして、書くことも「理解のプロセスの一部」であり、「何かを考え抜くことができたとき」、「それを書くことのなかで適切に表現できたとき」、満足を感じると述べている。(1)「理解」という言葉は、私たちのごくありふれた日常語である。他方で、解釈学やハイデガー哲学においては重要な意味をもつ術語のひとつである。では、アーレントの場合はどうなのだろうか。

この「理解する」という営みは、彼女においては、対象を既存の知の枠組みのなかに入れたり、感情移入によって所有しようとすることではない。それは、人びとと共にする世界のなかでの現実を手放さないという彼女のスタイルにかかわり、全体主義以後の世界で生きるさいの、重要な主題でもあった。本章では、この鍵概念をめぐって彼女が残したいくつかのテクストや言葉を手がかりにしながら、起こったこと、起こっていることを理解するとはどういうことなのかについて、思いをめぐらせてみたい。

『全体主義の起原』初版のまえがき（一九五一年）で、アーレントは書いている。

理解とは、法外なものを否定したり、前代未聞のことを先例から推論したり、あるいは現実の衝撃や経験のショックがもはや感じられないような類比や一般法則によって説明したりすることを意味しない。理解が意味するのはむしろ、われわれの世紀がわれわれに課した重荷を、注意深く吟味し、負うことである――その存在を否定したり、その重さに従順に屈したりすることではない。すなわち、理解とは、現実に――それがどのようなものであれ――予断をくだすことなく注意深く向き合い、それに負けないことなのだ。(2)

全体的支配がもたらした「屍体の製造」とも呼ばれる組織的大量殺戮、想像を絶する人類に対する犯罪は、人間にかかわる伝統的な意味や価値を崩壊させた。それは歴史の基盤であるはずの「理解する」という能力すら、破壊するものだった。

その結果、理解されうるもの、想起されうるものとしての人間存在の歴史性という契機すら危機に瀕している、とアーレントは言う。しかし、「人間の本質の破壊」をもたらしたその全体主義は、ただの観念どころではなく、まさにこの地球上に起こった現実の犯罪である。地獄はイメージではなく現実の存在であった。だからこそ、彼女は、類比や説明ではなく、その先例のなさを「現実に負けない」仕方で理解しなければならなかったのである。全体主義を理解するということは、全体主義以後、アウシュヴィッツ以後という「重荷を負う」ことでもあった。

全体主義について書くとき、アーレントが最初に向き合った問題は、全面的に否定的な主題、つまりそれを保存したいと思わないような主題についてどのように歴史的に書くかということだった。「保護したくないどころか、反対に自分が破壊するのに精を出している」対象、絶対に正当化できないだけでなく破壊しなければならない出来事、すなわち全体主義を歴史的にどう描くか、という問題である。アーレントは、政治哲学者エリック・フェーゲリンが書いた『全体主義の起原』の書評への応答（一九五三年）のなかで、自分がとった方法とは、因果関係を描くという従来の歴史叙述ではなく、「全体主義の主要な諸要素を発見し、歴史的な観点から分析した」ことだったと述べている。[3] より詳しく言うなら、彼女はそこでは「憤激せず偏頗せず（sine ira et studio）」の伝統とは意識的に手を切ったのだという。たとえば、マルクスやエンゲルスのような産業革命初期のイギリスの労働者階級の極端な貧困に直面する歴史家にとって、そのような状態に対する怒りや憤りをもつことは、自然な反応であった。人間の尊厳に反する状態を「憤り」なしに描かなければならないならば、「その現象に特有の重要な要素を取り去」ることになる。フェーゲリンは、アーレントの叙述を「感情に左右され[4]」、「道徳的に嫌悪感をいだき情緒的に存在する意志が本質的なものを覆い隠している」と批判した。これに対して、彼女は、「強制収容所を怒りなしに（sine ira）描くのは「客観的」なのではなく赦している」のだと応じる。そして、「文体の問題は理解の問題と結び」つき、理解は想像力と関連すると書いている。ここには「理解する」という行為をめぐる重要な問題が横たわっている。

私は理解は想像力の能力と密接に関連していると確信していることは付け加えておきたい。この能力はカントが構想力（Einbildungskraft）と呼んだものであるが、それは虚構をつくる能力とは何ら共通するものではない[5]。

カントは、「構想力とは、対象が直観において現存しなくても、対象を思い浮かべる能力である」とし、「われわれのすべての直観は感性的であるから、構想力は対応する直観を知性概念に与えうる唯一の主観的条件として、感性に属する」と規定している[6]。アーレントが構想力において重視するのは、それがファンタジーやフィクションを作る能力だということではなく、むしろ「対象を思い浮かべる能力」であるという点である。また、その思い浮かべられた直観を知性概念に与える「感性」が、「理解すること」に関連する。

アーレントは、「組織的な罪と普遍的な責任」(一九四五年)のなかで、ドイツ国家の犯した未曾有の犯罪を前にしたときの人類の理念と人間であることとの恥にふれ「その恐れと戦慄のなかで、人間というものが何をなしうるか」を自覚することが、「現代のすべての政治的思考の前提条件」であると述べていた。(7) これは、出来事の重荷を背負う「理解する心」の一つの現場であるだろう。

「フェーゲリンへの返答」が書かれた一九五三年当時、アーレントは、理解することについてより広く思索をめぐらせていたようである。たとえば『パルティザン・レヴュー』には、「理解と政治」という重要な論稿を出している。また、日々の思考過程を書きとめていた『思索日記』にも、「理解すること」についての断章を書き残している。全体主義以後の世界において、「理解する」という営みが置かれている危うさと、それにもかかわらずそれが不可欠であることの理由が論じられている。とくに普通の人びとにとってその営みが、重要な意味をもつことが書きこまれているように見える。まず「理解と政治」の冒頭箇所から見よう。そこでは、理解と赦しの違い、理解と「闘い」や「教化」の違いについて語られている。

理解することは、正しい情報や科学的知識をもつこととは違い、曖昧さのない成果をけっして生みだすことのない複雑な過程である。それは、それによって、絶え間ない変化や変動のなかで私たちがリアリティと折り合い、それと和解しようとする、すなわち世界のなかで安らおうとする終わりのない活動なのである。(8)

和解という言い方がされているが、「理解することは赦すこと」という「一般に流布した誤解」に対して、「赦しは理解とはほとんど関係がなく、その条件でも帰結でもない」、とアーレントは強調している。赦しは「単独の行為」であり、「単独の行ない」に終わるのに対して、理解することはそれぞれ唯一無比のストレンジャーとして世界に生まれてくる人間が、世界と和解する営みなのであり、誕生とともに始まり、死とともに終わる。こうして、アーレントによれば、「全体主義を理解することは何かを赦すことではなく、そもそも全体主義を可能にした世界と私たちが和解することを意味する」(9)。彼女の場合、和解とはそうした意味で用いられている。それはけっして出来事をなかったことにしたり、調和をよび戻したりすることではない。

理解することは、私たち一人一人が世界と折りあいをつける「生きることのすぐれて人間的なあり方」である。その折りあいのつけ方は、変化の可能性をもつ一人一人の存在のあり方を表している。理解することは行為することにともなう。人間は人と人とのあいだ、共通世界のなかで行為するが、その結果は予測がつかない。しかし、予測できなかった出来事も、なかったことにはできない。そうした世界での出来事と折りあいをつけていくのが、理解という営みである。

全体主義を引き起こしてしまった世界のなかで、現実に私たちは生きているわけだが、その世界と「和解する」ということは簡単ではない。しかし逆に、もしも「理解すること」が諦められ、理解や和解のプロセスが省略されたり、理解や和解が拒絶されたりするとき何が起こるか、まさにそのことにアーレントは注意を促していた。

たとえ全体主義的権力と闘争し、そのために他の人びとを「教育」し、闘争で「世論の質を向上させる」という善き意志によって意図されたものであっても、もしもそこで生まれるのが理解のプロセスを切り詰めるような「闘いの言葉」であったとしたら、それはそれぞれの話者の独自性を示さない常套句《クリシェ》となりかねない、とアーレントは指摘する。

彼女は、「書物は武器」という考えや、対立する陣営と「言葉で闘う」という発想からは距離をとる。全体主義の担い手であれ批判者であれ、決まり文句はつねに理解することとの断絶を招いてしまう。「教化は理解に対抗する全体主義の闘争をただ助長するだけであり、いずれにせよ、それは暴力の要素を政治の領域全体に導き入れることになる」[10]からである。『思索日記』のなかでも、理解の拒否という態度について次のように説明している。

和解する理解の反対にあるのは、反乱 rebellion と諦め resignation である。反乱は闇雲に全般的な拒否において行為するために諦めに終わる。共通のもの《コモン》という枠組みから見ると、それは私という特殊性への闇雲な固執であり、共通なものの否定である。そのようなものとしてそれは »acting in concert« としての行為が起こりうる唯一の場である（共通の）空間を否定する。(11)

この一節にあるように、理解することを拒否することは、同等の他者と分かちあう共通なものや共通の空間を否定することでもある。

アーレントは続けて、ただの反乱は失敗するか、成功しても唯一の意志が支配する暴政に終わると言う。共通のものを否定するような反乱は、折りあいをつける理解という営みをしりぞけ、複数のそれぞれの人びとが「はじまり」であるような共同の行為が遂行される共通の空間を無効にするからである。

特殊なものと共通なものとの結びつきは、理解と和解であるか、反乱と暴政であるか、ということである。私が共通のもの——他の人びとの存在、私が生まれる前からあった一般的な諸条件、出来事——と折り合いがつけられるのは、それらを理解することによってのみである。それが共通感覚の政治的意味である。私が共通のものを把握する感覚は、理解である。そのようなものとしての理解を規定しているのは、すべてのものが組み入れられうる諸規則か、あるいは自由で(創造的な)想像力かである。想像力なしには、理解は、習慣(振る舞いの一般的な諸規則)がすべてを決めるかぎりでしか可能ではない。理解の普通の方法としての共通感覚の崩壊は、我々すべてにとっての共通の空間の喪失と同じであり、見捨てられている状況および特殊性への投げ返しと同じである。(12)

アーレントにおいて、理解や想像力(構想力)を、という要請は、切羽詰まったものであった。ことは、ナチズムやスターリニズムという過去との対峙だけの問題ではなかったからである。理解することに関してさまざまに思索が書きとめられているのは、一九五三年あたりだと先に述べたが、その一九五三年一月には、アメリカ合衆国で共和党が政権の座につき、いわゆるマッカーシズムが社会全体にひろがりつつあった。アーレントはそのアメリカにいた。『全体主義の起原』の「まえがき」、「理解と政治」、そして『思索日記』のなかに見てきた「理解すること」をめぐるアーレントの思考について、もう一つの重要で説得的なテクストをつけ加えよう。それは、一九五三年五月十三日付のヤスパース宛の手紙である。

この書簡のなかでアーレントは、マッカーシズム下のアメリカ合衆国の状況に対する切実な危機感を書きこんでいる。「この国のありさま」は「日々私たちの爪を焦がすほどのおそろしい事態になっていて、なにをする気にもさせなくしている」という。[13]「私たち」(つまりヤスパースとアーレント)が「すでに知りすぎるほど知っている一つの発展」(ただし「べつのかたちと条件のもと」での)についての、『全体主義の起原』の著者アーレントによる報告は具体的である。彼女が見聞きする経験の報告を通して、当時のアメリカ社会の息苦しさがじつによく伝わってくる。

率直に言えば、今回あらためてこの手紙を読んでいて、わたしは励まされている気がした。それは今、この時代に生きる私たちがよく似た状況に置かれているからであろうか。また、まさに起こっていることを理解し判断するアーレントの具体的な息遣いを見いだすことができるからなのだろうか。アーレントは、理解することを、目前の事態をめぐって実践している。

興味深いことに、アーレントはこの手紙のなかで「この国でいまほんとうはなにが進行しているのかを徹底的にルポルタージュする雑誌」の創刊計画についても書いている。「いま、たいへんすぐれたジャーナリストである何人かの友人が雑誌を創刊しようとしていて、もしかするとうまくいくかもしれません」[14]。「この国ではいまのところはまだすべてが可能」で意見はいくらでも言えるが、「事実そのものやルポルタージュ」を書く場所を見つけることは難しくなっていた。その「事実そのものやルポルタージュ」に力点を置いた雑誌を、友人のメアリー・マッカーシー、ドワイト・マクドナルド、アーサー・シュレジンガーをはじめとする人たちが計画したのである。

著者としても読者としてもアーレントが期待した新雑誌は、『クリティク』と名づけられる予定だった。しかし、残念なことに資金が足りず実現には至らなかった。アーレントはヤスパースに、新雑誌を創刊しようとする企画を伝えながら、マッカーシズム下のアメリカ合衆国の状況についても語っていた。それは、彼女たちの雑誌計画の背後にある危機感がどんなものであったかを伝えている。

そこには「この国」では「国家機構が解体しかけて」いて「一種の並存《パラレル》政府がおそらくかなり意図的に樹立」されている、と書かれている。[15] このころマッカーシー上院議員が政府機能審査常設小委員会委員長に就任するとともに、政府内に「秘密の反乱分子集団」を組織していた。[16] マッカーシーが率いた反共の嵐は社会全体にひろがり、それとともに、いたるところで自己検閲が行なわれるようになっていた。「新聞・雑誌の編集者も、企業経営者も、大学教授も、暗黙のうちに「粛清」をすすめている」。[17] その一方で「元《エクス》コミュニストたち」は、「むかしに見たり会ったりしたことのある人の名を告げ口すること」によって自分が「党と絶縁した」ことを証明するという手法をもちこみ、その「密告」によって相当の数の人びとが「公衆の目のまえに引きずりだされ」ていた。[18] アーレントによれば、その危険はとりわけ、「警察的手法」が「ふつうの社会生活」のなかへもちこまれ、「密告制度が社会に浸透してゆく」という「全体主義的手法」にある。彼女はさらに次のように考えている。

ほんとうの意味で不吉なのは、もちろん、法なき状態がどんどんひろがっていることです。現実に起きていることとすべてが、法の埒外で起きている。まず第一に、共産党は禁止されてはいないのです。これがかえって禍のもとになり——またしても罠となっている。（禁止を主張したりすれば「反民主主義者」呼ばわりされるのがおちです。）共産党は禁止されていないのに、党員は仕事口をけっして得られず、完全に誹謗の対象となる、等々。[19]

アーレントによれば、こうした要素とはまた別に完成されつつあるのが、無抵抗のジョブホールダーの社会とでも呼ぶべき状況であった。政府は「ゴルフに精を出す大統領」（アイゼンハワーのこと）を頂点とし、「大きな企業をもっと大きくすることにばかり腐心」している。アーレントは、それが独立小企業の解体につながることを重要視している。この発展の危険性は大コンツェルンの権力増大にばかりあるのではない。

むしろはるかに危険なのは、この発展によってまったく自動的に、市井の独立人が政治的要素としては画面から消えていくという点です。言い換えれば、この政府は日ごとにますますここの社会を、残念ながらもともとそのようであった社会、つまりジョブホールダー〔官庁や企業に職を得ている者〕の社会にしているのです。こうしてこの社会はマッカーシーの思うつぼにはまっていきます。社会がまったく無抵抗であることの責任は、当然まっさきにジョブホールダーに帰すことができるのですから。ここで大きな役割を演じているのが繁栄です——だれもが日々刻々ますます豊かになっていくから、だれもがこのうえなく明るい展望をもち、なにがなんでものしあがらなくてはならない。これはドイツで失業が演じたのとおなじ役割です。五十歩百歩でたいしたちがいはありません。[20]

私的な手紙のなかではあるのだが、『全体主義の起原』での分析を活かし、しかし同時に第三帝国との差異に注意を払いながら、目の前でくりひろげられる現象を捉えようとするアーレントの書き方は印象的である。

彼女は、遠からず独善的で排外主義的なアメリカ至上主義が登場するだろう、という考えも提示している。「これだけが、いま成立しはじめたアメリカニズムのイデオロギーの衣をぴったり着こなせるからです」[21]。すでにアーレント自身が、公的な席で他ならぬアメリカの知識人から「自分はアイオワ生まれのアイオワ育ちだ、だからなにも考えたり読んだりしなくたって、何が正しいかちゃんとわかっている」と言われたり、「プラトンなんぞ引き合いに出すのは非アメリカ的ですぞ」などと言われたりしていた。アメリカ社会をめぐるこうした考察には、日常の経験での直感を検証して練りあげ、理解と判断へとつなげていくアーレントの思考のスタイルが現われている。

西側諸国で設立された「文化の自由のための会議[22]」の胡散臭さや、「心理ガイダンス」という形での「強制的精神分析」において精神科医とソーシャルワーカーが果たす役割、大財閥が大学で果たしている役割などについても、彼女はヤスパースに率直な印象を伝えている。そして、こうした事態が「ほとんど自動的に進んでいくこと」への危惧を隠していない。友人たちによる新しい雑誌の創刊には、「すべてが、半分闇に隠されたままで進行する」政治状況に対して、理解するという営みによって抵抗するという思いも込められていたのだ。

第六章　世界を愛するということ

「都市が崩れ、廃墟となったとき、地名だけが残ることを地名自身が知っている」という。[1] アーレントが育ったバルト海沿岸のケーニヒスベルクは、第二次世界大戦の爆撃で「巨大な廃墟[2]」となり、その後ソ連領カリーニングラードになった。強制移住によって住民のほとんどが入れ替わり、都市名も町や通りの名前も変わった。大聖堂に隣接する哲学者カントの墓は残ったが、破壊された大聖堂も戦時中に失われたカントの銅像も、復元されたのは一九九〇年代になってからのことである。

そのカント像の復元という事業を担ったのは、一九〇九年にケーニヒスベルクから二〇キロ南にあるフリードリヒシュタインの貴族家系に生まれ、反ナチ運動にかかわり、戦後西ドイツで週刊新聞 *Die Zeit* の創刊に参加したマリオン・G・デーンホフであった。ソ連軍の侵攻による東プロイセン住民の避難を描いた『もう誰も呼ばない名前[3]』の著者である。わたしは二〇一九年の夏にロシア領カリーニングラードをドイツ人の友人と二人で訪れたとき、デーンホフの故郷にも足を延ばしてみた。

一九〇六年生まれのアーレントと彼女との接点はなかったのだろうかとふと思ったが、アーレントは古い裕福な家系で育ったとはいえ、ケーニヒスベルクで二パーセントに満たないマイノリティのユダヤ人である。地主貴族のデーンホフが、破壊され外国領となった故郷の自然や風景を、失われたものとして愛すると言っているのに対して、アーレントは海で泳ぐのが好きだったとヤスパース宛の手紙に書いていたものの、風景や建物などの叙述は残していない。そもそも土地への愛着はアーレントにはほとんど見られない。あるインタヴューでも、ヒトラー以前のヨーロッパが二度と存在しないことを寂しく思うかと聞かれ、「何の郷愁もありません」と言い切っている[4]。

ただし、アーレントとデーンホフは一九五八年に出会っていた[5]。ミュンヘン市八〇〇年祭の行事として六月三〇日から七月五日にかけて第一回国際文化批評家会議が開催されたときのことである。この会議での七つの講演とディスカッションを記録した本『没落か過渡期か[6]』によれば、報告者とディスカッション参加者を合わせて二六名の知識人がその場に呼ばれ、報告者はアーレントのほか、社会哲学者のマックス・ホルクハイマー、著作家のルートヴィヒ・マルクーゼ（ヘルベルト・マルクーゼではない）、ドイツ文学者のヴァルター・ムシュク、医学者のアルトゥール・ヨレスなどだった。ディスカッション参加者にはデーンホフやジャーナリストのティロ・コッホ、政治学者のドルフ・シュテルンベルガー、著作家のヘルマン・ケステンやペーター・ド・メンデルスゾーンなども名前を連ねている。

アーレントは「文化と政治」というタイトルで講演をし、[7] 他の人の講演のディスカッションでも興味深い発言をしている。その時のアーレントの講演は今ではドイツ語版『過去と未来の間』に収録されているのだが、日本語訳のある英語版『過去と未来の間』所収のテクスト「文化の危機」とは内容が若干異なっている。

今回わたしがとくに目を見張ったのが、自分の講演に寄せられた異論に対する彼女の応答であった。そのとき彼女は、文化には「世界を愛する」ことがふくまれると述べながら、他方で、今日人びとは「恐ろしいほど世界を愛せなくなっている」と指摘していたのである。

じつは彼女はこのミュンヘンの会議に先だって五月にブレーメンで「教育の危機」と題した講演を行なっていた。そこでは子供たちに世界がどのようなものであるかを教えることの意味を論じ、「教育の領域を他の領域、とりわけ政治的で公的な生の領域からきっぱりと区別しなければなりません」[8]、「教育において決め手となるのは、私たちが世界を愛するかどうかです」と語りかけている。[9]

「世界」は、アーレントの思想において重要な概念の一つである。それは、死すべき人間の生を超えて存続する世界、それぞれの人間が「はじまり」としてそこに生まれてくる前から存在し、その人が死んだ後も続く、人間たちがつくった世界である。また、他者との関係性のなかで何かを行なったり語ったりすることによって、一人一人が見て見られる、聞いて聞かれることが可能になる複数の人びとの「あいだ」の空間でもある。

アーレントは『人間の条件』『活動的生』の執筆計画を立てていたとき、ヤスパースに「私は世界を真に愛することをこんなに遅ればせに、ほんとうのところ近年になってようやくはじめた」と書き送り、準備中のその本を"Amor Mundi"（世界への愛）と名づけたいと伝えていた。(10) しかし、その数カ月前の『思索日記』には「Amor Mundi ——世界を愛するのはなぜこれほど難しいのか」(11) とも書きこんでいて、わたしはずっとそのことが気にかかっていた。「世界を愛すること」あるいはその「難しさ」が文化や教育の危機において語られるとき、アーレントはそこで何を伝えようとしているのだろうか。私たちはなぜ「恐ろしいほど世界を愛せなくなっている」のか。ここでは講演「文化と政治」をおもな手がかりとしながら考えてみたい。

『没落か過渡期か』によれば、アーレントの講演についてのディスカッションでは、シュテルンベルガー、ド・メンデルスゾーン、マルクーゼ、ケステンから発言があった。講演でアーレントは、古代ギリシアの例をあげながら文化と政治の関係について語り、また、娯楽産業のなかで消費され「社会の生命プロセス」に食い尽くされる近代以降の文化の状態について論じたのだが、ディスカッションではこれらの区別について誤解や批判が表明されたようだ。マルクーゼは、彼女が行なう文化と娯楽の区別に対して違和感を表明し、「芸術あるいは文化もまた娯楽のように、生命的な流れに根ざしているのではないか」と述べている。[12] そしてアーレントの用いる文化概念は、文明と文化を対置させているために、問題の多い「ドイツ的」な区別に通じると批判している。

ケステンは、アーレントの文化概念は「ドイツ的」というよりむしろ「古ドイツ的」altteutsch《ママ》であるとし、その特徴は「政治を文化から締め出し文化的制度としての政治に関心をもたないことだ」と言い添え、アーレントには「生命に対する敵意」すら感じられるため、不愉快でさえあると辛辣に述べている。[13] さらには、アーレントがカントの『判断力批判』をあげて、何が気に入るか、何を心地よいと思うかという「趣味」は誰が仲間に属するかを決めうるのだ、とその「組織する力」について言及したことに対して、「非常に女性的でお上品」な表現であると揶揄した上で、次のような強い異議を唱えている。「帰属意識は、信仰や思考、共通の真理や共通の目的、共通の傾向や共通の政治、共通の愛情や共通の好意によって決まる、とわたしは思っていました。しかしそれが「趣味」の問題だとは」。[14]「趣味」という切り口には、他の発言者も今から見れば奇妙な反応をし、のちに彼女が本格的にとりくむことになるカントの政治的判断力論が当時いかに理解されなかったかを明確に示している。
彼女はひきさがらない。応答で、いくつかの異議は自分が原稿を短くしたことによる誤解から生じていると軽く弁明したあと、次のように続けている。今のところ日本語訳のないテクストでもあるから、少し長いがここにまとめて提示してみたい。

……政治と文化は相互に関係しますが、同じものではありませんし、必ずしも離ればなれに生じるものでもありません。政治は文化が花開いたものでもなければ、逆に文化は政治が花開いたものでもないのです。両方とも、互いに特定の布置にある独立したものです。そのような布置についてわたしの報告は扱っています。

ケステン氏は、わたしの報告からある種の「生命に対する敵意」が現われたことに気分を害されたのですが、このことは理解できます。わたしは世界を生命に対置させました。そして、私たちは生命へのとてつもない過大評価が普通のことになっている時代に生きているので、すべての文化に属している世界への愛を、わたしはおそらく誇張したのでしょう。わたしは自分が生命に敵意をもっているとは思っていません。生命は素晴らしいものです。しかし最善の事ではありません。生命が最善の事と見なされるとき、いつもそれはちょうど過ぎ去ってさえいます。私たちの社会には危険な世界疎外というものがあり、それとともに人びとは、恐ろしいほど世界を愛することができなくなっているのです。

……実はわたしは『マイ・フェア・レディ』をとても楽しみました。そもそもわたしは反娯楽派ではまったくありませんし、楽しませるだけであれば娯楽産業にも反対しません。けれども娯楽と喜びには違いがあります。たとえば一つの物体は喜びを与えることはできますが、娯楽を生み出すことはできません。娯楽の危険性は、それが生命に由来することによって、喜びが喜びとしてはけっして達成しない激しさに達しうることにあるのです。とても似たことが痛みと苦悩にも当てはまります。身体的痛みは世界をまさに締め出すほどの激しさに達しえます。それほどの締め出しは娯楽では起こりません。五〇〇グラムの苺を食べるとき、わたしはまだなお世界と繋がっています。しかし、娯楽が痛みほど世界疎外的で生命にひきよせられるものではないとしても、それが本質的に生命現象であることには変わりがありませんし、他方喜びにおいてはわたしは我を忘れて世界の側につくのです。自己自身と自分の生命への関心から離れることがなければ、本当の文化感覚はあり得ないでしょう。(15)

ここで『マイ・フェア・レディ』が出てくるのは、娯楽産業による文化の消費という点でアーレントに同意したド・メンデルスゾーンが、バーナード・ショーの原作『ピグマリオン』との関係を提示しながらその作品を挙げたからである。

さて、そもそも講演でアーレントは、「文化は世界の現象であり、娯楽は生命の現象である[16]」と述べていた。彼女によれば、近代における「文化に対する不信」は教養俗物主義の現象から始まった。そこでは、社会的地位とその上昇のために文化が領有される。文化そのものの独立した価値を失わせたこの「文化の社会化」Vergesellschaftung der Kultur はすべての階層に広がり、大衆的な現象となってしまった。

教養俗物と大衆は、適応しつつ見捨てられている状態、品質を見分ける能力をもたない消費力、自己中心主義、世界疎外などの特徴を共有していたが、決定的な違いは、大衆文化における娯楽産業の勃興であった。教養俗物においてはまだ耐久的な使用対象であった文化財が、娯楽産業ではさらに消耗材となり、破壊されていく。世界の制作物はそれ自体で再生産されることはない。

アーレントが強調する「危険な世界疎外」とはどのようなことだろうか。彼女は、マルクスが述べたような自己疎外ではなく、世界疎外こそが近代の特徴であると強調している[17]。人間の営みが多くの領域で自己内省化し、世界を気遣うことや世界を享受することが失われていくことが問題なのだ。アーレントによればこの「世界疎外」は文化をふくむ世界をつくりだす活動にもおよんだのである。

世界疎外を論じたテクストとして代表的な『活動的生』では次のように書かれている。

近代の思考様式を、一切の伝統から容赦なく、また取り返しのつかない仕方で分け隔てているのは、世界疎外の徹底性である。その徹底性たるや、制作、物化、対象化という、人間のすべての活動のなかで最も世界的であり、世界を打ち建てるのに与《あずか》る活動にまで、波及しえたほどであった。[18]

また、「社会的富の成長プロセス」は世界と人間の世界性を犠牲にして展開していくとも述べている。[19]「世界の現象」である文化が消耗されて破壊されることは、世界への愛を育む内容が奪われることだろう。これは「世界疎外」の帰結が「愛する」という人間の感情にまで到達するということである。教育や文化の危機と世界を愛する能力の喪失は連動している。

他方で、アーレントが「生命現象」としての娯楽、すなわち楽しみの「激しさ」という言い方をするとき、そこには、それらが自己と生命に跳ね返ってくる無限のプロセスの恐ろしさが垣間見える。「五〇〇グラムの苺」だからまだ世界に繋がっているのであるが、刺激が無限に与え続けられる娯楽がもたらす無世界性の状態は、別の段階を画するものになる。実際にすでに私たちはそうした光景を目撃しているのかもしれない。

講演「文化と政治」でアーレントは、「近代の連想」から古代へと目を転じることを提案している。

私たちは、歴史のなかに沈殿する政治と文化のようなものとの経験の助けを借りることによってのみ、私たちのつねに限界のある経験の地平を拡大することができ、文化と政治の関係のような一般的な現象にそもそも気づくことができるからです。近代から遠ざかることをわたしが提案する実質的な理由は、政治的・公的空間が古代の生活において比類のないほど大きな尊厳をもち、人びとの生活にとってより高い重要性をもっていたからに他なりません。[20]

文化という言葉は、古代ローマに由来し、農耕や自然と結びつきながら、過去から受け継いだ公共の事柄、共有のものを気遣い世話をするという意味をもっていた。つまり文化 culture とは耕す colere ということを語源としている。アーレントは、このことに言及しつつも、文化と政治の関係という点では、古代ギリシアのほうが多くを示唆すると述べる。そして、ギリシアにおける政治と文化の抗争について考察を進め、トゥキュディデスが伝えた、戦没者の国葬のさいのペリクレスの演説の言葉、「事実がまことを物語るならばホメロスの讃歌も、耳に傻き言葉の綾も我々には無用となろう[21]」という一節に注目する。

ポリスで最重要とされる人間の「偉大さ」は、死すべきものであるにもかかわらず不死に値する、つまりたえず思い出される事績を行ない、言葉を語ることができるということに置かれていた。この人間的で地上的な不死性が栄光と名声である。その名声とは何であるかをホメロスによって学び、美を愛したギリシア人の政治家が、芸術家の営みを凌駕しようとしたことの意味をアーレントは考えているのである。

アーレントによれば、ペリクレスが投げかけた問いは、ポリスという組織と芸術家とどちらが不死性をよりよく与えうるかということだった。この対照は、偉大さが現われ伝達可能なものとなる公的空間、見て見られ聞いて聞かれる人びとの現前が永続的な記憶を担う公的空間を保証するポリスという組織か、それとも、言葉や行為という本質上はかなく移ろいやすいものや、かならずしも表面に現われ出ないもの、見えないもの、聞こえないものを物化し、その持続性と永続性のための保証を提供する詩人や芸術家の、世界を生みだしつくりだす営みか、ということだった[22]。「政治と芸術の抗争」が生き生きと保たれることが重要であり、この「抗争」は解決されえないし、されるべきでもない。

アーレントは、文化と政治は互いに他方を必要とし、それらはともに公的世界の現象であるとくりかえし述べている。政治は世界の耐久性を担う文化を必要とし、文化に頼らざるをえない。しかし、それと同様に、文化も政治に頼らざるをえない。美はそれが現象し、永続するために公的な空間を必要とするからである。

現代の恐るべき「世界喪失」と決着不可能な政治と文化の抗争を見据えたうえで、アーレントが考察をさらに開いていくための一つのよりどころとしたのが、注視者の営みであった。それは、政治的行為者でも制作者でもない観客や聴衆の営み、観者が行なう営みである。それについての手がかりが、カントによる「美的判断力」、趣味判断の議論であった。

美を愛する者の自由、そこに居合わせるさまざまな他者のパースペクティヴを想像しながら物事を判断し、その営みによって世界での自分の立ち位置、居場所を確保するという生き方である。ケーニヒスベルクの片隅、おそらくほぼ数キロメートル内の行動範囲で毎日の日課をこなし、その生涯を過ごした哲学者カントについて、彼女は「思索日記」に次のように書きとめている。

カントの本当の政治哲学が美の現象の論究から出て来ているという事実は、彼において世界の経験が生の経験をどれほど凌駕していたかを示している。彼はどちらかといえば彼にとっては面倒だった生よりも、世界のほうを相当に愛してもいたのである。(23)

第七章　ベンヤミン・エッセイをめぐって

『暗い時代の人びと』(一九六八年)を、彼女の作品のなかでもっとも印象に残る本として挙げるひとは多い。アーレントが十人の人物について物語ったこのエッセイ集のなかで、成立状況から見てヴァルター・ベンヤミン論は特別な位置にある。当時彼女は、『暗い時代の人びと』の編集者でもあったヘレーネ・ヴォルフとともに、ベンヤミンの初の英語版著作集『イルミネーションズ』を出版しようと尽力していた。著作集に収録すべき作品の相談や翻訳のチェック作業などで、二人の女性のあいだを手紙や原稿がゆきかった。アーレントは『イルミネーションズ』に序文を書き、同じ論稿が、『暗い時代の人びと』のなかであらかじめ取って置かれたスペースに入った(1)。

カール・ヤスパース宛の手紙で、一九六七年一月に彼女は書いている。「ヴァルター・ベンヤミンの英語版への序文を書かなければなりません。翻訳にはもう目を通しました。彼はここではまったく知られてなく、彼の著作はじつに複雑なので、詳細な序文が必要です。しかも私はひどく仕事がのろくて、どんな小さなものにも長い助走が要るときています」。その後、六月の手紙では、ヘレーネ・ヴォルフのことにもふれている。「私はいま彼女と出版上の協力関係にもあるのです。私が編纂し序文を書いたベンヤミンのエッセイ集を、彼女がこちらで出版することになっていますし、そのほかにも、私がここ数年に書いたいわゆるポートレートを一種のエッセイ集にまとめて出す計画で──題名は『暗い時代の人びと』──その契約をハーコート・ブレイス社といまちょうど結んだところです[2]」。

ヘレーネ・ヴォルフは、夫であるクルト・ヴォルフとともにパンセオン・ブックス、ヘレン・アンド・カート・ウルフ・ブックスを担い、ヤスパースの晩年の大著『大哲学者たち』のアメリカ版を普及させた有能な編集者である。クルト・ヴォルフのほうは、ドイツでフランツ・カフカの著作をいち早く出版した人物で、アーレントは一九四〇年代にニューヨークで彼と出会っていた。その時期にアーレントはショッケン・ブックスの編集者として働いており、クルトからは仕事のための助言をうける間柄で、その後ヴォルフ夫妻と親しくなった。ちなみにショッケン・ブックス時代にアーレントは、カフカの日記や、ドレフュス事件の陰謀を非妥協的に告発したユダヤ人ジャーナリストであるベルナール・ラザールの『ヨブの積み藁』などの出版にかかわっていた。それだけでなく、すでにベンヤミンの著作の出版計画も立てていたのだが、その時は実現しなかった。

アーレントとヘレーネ・ヴォルフとの往復書簡は、先に紹介した女友達との書簡集『あなたなしでどうやって生きるべきか、想像したくありません』[3]（二〇一七年）に収録されていて、それを読むことで『イルミネーションズ』やアーレントのベンヤミン論の成立事情の一端にふれることができる。

アーレントはドイツ語で原稿を書き、それをベンヤミンのテクストの翻訳者であったハリー・ツォーンが英語に訳した。そして彼女がその英訳原稿に本格的に手を入れるというかたちで推敲作業が進んだようである。実際、このベンヤミン論は何度も加筆・修正され、ドイツ語版と英語版が異なる流れで公刊された。タイプライターで書かれたドイツ語原稿のほうは、講演原稿（フライブルク大学で一九六七年七月二六日、ニューヨークのゲーテハウスで一九六八年一月十六日に講演）が二つ、ドイツの『メルクーア』誌[4]（一九六八年一月、三月、四月に掲載）のための草稿が二つ残っている。アーレントは一九六七年七月ヨーロッパに出発する前に、「もう少しいじくり回す」ことを前提とした上で、ツォーンによる英訳の原稿と彼女が手を入れた英語の原稿を合わせてヘレーネ・ヴォルフに送った。[5]そして同年十一月二一日には、「あらためて書いた」第一章と、「さして変更なしの」第二章と第三章からなる原稿を送っている。おそらく英語の原稿は、七月のものと十一月のものの二つが存在している。『イルミネーションズ』の準備も同時に進んでいるので、ベンヤミンの著作を読み直し、その翻訳に手を入れつつ、ドイツ語と英語でのエッセイを仕上げるまで、彼女はほぼ丸一年かけたことになる。

こうして作られていた英語の原稿を一九六七年の夏に読んだ友人の作家メアリー・マッカーシーは、第一章のなかで彼女が「生かすべきだ」と考えた部分に「印をつけて」アーレントに戻している。(6) マッカーシーのアドヴァイスはこうだった。「私の提案の意図は文の連続性を保ちながら、かつ論争の場――アドルノとの――を避けることにあります。それにどっちみち一般のアメリカの読者にとってここはわかりにくいでしょう。当然残されたものは文の調子を整えたうえで、たぶん少々ふくらませなければならないかもしれません」。

マッカーシーは第二章と第三章には手をつけなかった。そして、「この二つの部分は大好きです」と言い添え、引用句についてのアーレントの言葉を読むと、T・S・エリオットの『荒地』のなかの「これらの断片で私は自分の廃墟を支えてきた」という詩片を思いおこす、と書いている。第二章とは、フランツ・カフカやカール・クラウスと同時代のドイツ・ユダヤ人としてのベンヤミンの生を描き、「暗い時代」に生きた彼らの思考を照らしだした部分である。

第三章では、「伝統の崩壊」におけるベンヤミンの過去の語り方、つまり絶望的な現在を破壊しうる「思想の断片」＝「引用文」を海の底からつかみとってくる「真珠採り」としての彼の思考のあり方が読み解かれている。「真珠」とは「死者の眼」でもある。アーレントの手でベンヤミンの思考がもっとも鮮やかに救出されて描きだされている部分でもある。

ところで、マッカーシーが第一章に注文をつけたのは、おそらくとりわけその冒頭部分が、フライブルクでの講演向けの内容であったことによると思われる。この講演会は、ハイデガーの翻訳者でありアーレントの友人であったグレン・グレイを介して、マサチューセッツ大学の大西洋研究所がアレンジしたものであった。論題として、ヴァルター・ベンヤミンについて話すことを希望したのはアーレント自身だった。ところが、その当日に、会場にハイデガーが姿を見せて事情通たちを驚かせた。しかも彼女は講演を、「尊敬するマルティン・ハイデガー、紳士淑女のみなさん」という言葉で始めたという。(7) ベンヤミン論を介して、アーレントがハイデガーの前で講演するという稀有な組みあわせの場が実現した。

彼女の講演はけっして啓蒙的なものではない、本格的な講義だった。聴衆の多くが「ベンヤミンの著作をよく知っていることを前提として」、まず、前年にアドルノとショーレムの編集で公刊されたベンヤミンの『書簡集』(8) に注意を促し、代表的な友人である彼らとベンヤミンの間に存在した摩擦から説きおこすというものだったからである。

見たところ問題になっていたのは、ベンヤミンがマルクス主義の立場に移り、形而上学ないしは哲学を破棄したという点でした。ショーレムは最初からベンヤミンが政治化することに抵抗していました。彼は、ベンヤミンが弁証法的唯物論の仕方で洞察を獲得できると考えるなら、稀に見る強さの自己欺瞞の犠牲になっている、と思っていたのです。他方でアドルノは、ベンヤミンがマルクス主義に転向した後になって知り合いになったのですが、彼はベンヤミンが、非マルクス主義的な唯物論を、つまり弁証法の欠落した唯物論を推し進めていると非難しました。アドルノによれば、ベンヤミンは、個々の具体的な特徴を上部構造の領域から唯物論的に解釈しているのであって、そこにはまったく媒介が欠落していて、あたかも「そうした特徴を、下部構造の対応する特徴に対しては無媒介に、そしておそらくそれどころか因果的に関係づける」ことができるかのように解釈している、というのです。ふたりの友人たちは、ベンヤミンの実存の対立しあう極に立っていながら――つまり、その一方はマルクス主義的なものですし、その他方はシオニスト的なものなのですが――一致した態度をとっているというのは、なかなかないことでしたし、それはベンヤミンにとって間違いなく気の滅入ることだったのです。一致したと申し上げたのは、簡潔に言わせていただいてよろしければ、ベンヤミンは彼らには理解できないやり方で深く思索することをやめた、という点において同意見だったのです。ショーレムによればそれはマルクス主義のせいでありますし、アドルノによればそれは俗流マルクス主義に滑り落ちてしまったせいでした。そして、二人とも、ここでもまた気が滅入ることに歩調を合わせているのですが、こうした逸脱を、ブレヒトとの友情がベンヤミンにおよぼした悪影響のせいにしました。(9)

このようにショーレムは、ベンヤミンが形而上学あるいは哲学から離れてマルクス主義に転じたことを「自己欺瞞の犠牲となった」とみなした。一方で、マルクス主義に転じてからの友人アドルノは、ボードレール論に見られるようなベンヤミンの思考を、「無媒介」で「非マルクス主義的」な「非弁証法的唯物論」だとして批判していた。彼らはベンヤミンが「深く思考」するのを放棄したと考え、そろってそこに「ブレヒトとの友情の悪影響」を見ていたのである。

アーレントはそうは考えない。彼女はブレヒトが哲学者ではなく詩人であったこと、ベンヤミンの思考が哲学者よりもむしろ詩人、とりわけゲーテから影響を受けたことに踏みこんで議論する。そして、彼の初期の作品から一貫する「現象の世界に発見される具体的な事物」へのまなざし、「意味と現象」が一致する具体的な小さなものへの関心、蒐集と「引用句」への熱意に焦点を当てて、そのテクストの豊かな可能性を読んでいった。

既成の思考の枠組みではベンヤミンの仕事の意義は描けない。ショーレムやアドルノにおいてすらそうだ、と彼女は考えた。しかし、マッカーシーが懸念したように、彼女がアドルノたちの話題を出すと、解釈の相違ではなく、個人的な感情が勝る「論争」に入り込んでいるかのような印象を与えるのである。そうなるのは、たしかに彼女の語り方のせいもあるが、読み手の先入見のせいでもある。

よく知られているように、アーレントはフランスでの亡命生活のとくに最後の時期にベンヤミンと親しくし、彼から「歴史哲学テーゼ」を預かり、アメリカ合衆国到着後にはそれをニューヨークの社会研究所にいたアドルノの元に届けた。

ホルクハイマーやアドルノの反応をめぐる晩年のベンヤミンの不安や葛藤を目のあたりにしていたアーレントは、その後の社会研究所によるベンヤミンの遺稿の扱いには強い不信をいだき、そのことについて明確な怒りも表していた。また、彼女の『エルサレムのアイヒマン』が引き起こした論争以後、ショーレムとは関係が途絶えていた。実際にアーレントのベンヤミン論が『メルクーア』誌上に発表された後には、ショーレムから同誌編集長に抗議の手紙が届いている。

ベンヤミンをめぐるこれらの問題に関連するテクストを集めた『ベンヤミンとアーレント』（二〇〇六年）という一冊がある。この本の編者であるデートレフ・シェトカーとエアトムート・ヴィツィスラは序文で、彼らの間に生じた対立は「解釈の問題」だけではなかった、と次のように述べている。

むしろ聖典釈義が情熱および承認への抑えがたい衝動と結びついている。つまり埋め合わせとしての文献学 Philologie als Wiedergutmachung である。アーレントが望んだのは、ベンヤミンの思想においてなおざりにされてきた次元を提示することだけでなく、彼女の被後見人が受けた傷に対して報復することでもあった。それゆえに彼女は、ベンヤミンが亡命のなかで甘受しなければならなかった財政的依存や知的処遇に言及したのである。同時に彼女は、ベンヤミンと、彼女が同じように結びつきを感じているハイデガーとを、精神的に親和性がある思想家として指定しようとした。(10)

もちろんアーレントにはベンヤミンの死への無念さや、正当な評価が行なわれていないことを何とかしたいという思い入れはあっただろう。しかし、このような整理での「後見人」という言葉や、ここで言われる「埋め合わせ」あるいは「補償問題」としての文献学というスタンスでは、アーレントのテクストそのもののなかの「はじまり」、アーレントの読みによる差異化は見えてこないとわたしは思う。

彼女のタイプライターの草稿そのものを見ていると、本文の左側に、ベンヤミンの『書簡集』や一九五五年に公刊された『著作集』[11]などの頁数がほぼ正確に打ちこまれていて、彼女のベンヤミン論は、これらのテクストからの引用の織物といった趣すらある丁寧なエッセイであったことがよく分かる。『著作集』のアドルノの序文や、一九六五年に『ノイエ・ルントシャウ』誌に出たショーレムの「ヴァルター・ベンヤミン」[12]のなかからも、アーレントは発見を得ているが、それと同時に、やはり自分の読みを彼らのそれとは区別していた。「財政的依存」や「知的処遇」は難民状態にあったベンヤミンにとって重要な事柄であったし、それはアーレントのように同じ時間を共有した者でなくては分からないことでもあっただろう。

アーレントは、「ヴァルター・ベンヤミンへの最良のヒントはヴァルター・ベンヤミンです」とゲーテハウスでの講演の冒頭で言い切っている。[13]彼女は、『一九〇〇年頃のベルリンの幼年時代』の「せむしの小人」から引用し、ベンヤミンが自分の生涯を「こなごなに砕けたかけらの山」と見ていたと言う。また、「彼が死んだのは、世事に疎く」「火のおこしかたも窓の開け方も知らなかったからだ」という『プルーストのイメージについて』におけるジャック・リヴィエールの言葉の引用も引用している。ベンヤミンは、「ときおりあらゆる方面から狼のように襲ってくる外的生活での逆境」を自覚し、対人関係に相当な気をつかっていたにもかかわらず、世間でうまく立ち回ることができなかった。しかし、アーレントが強調するのは、類まれな仕事を成し遂げながらも世事に疎く、失敗をくりかえし、不運がつきまとう生涯を送ったべンヤミンの思考が、同時にけっして現実から乖離せずに、いかに「現実への近さ」Realitätsnähe をもっていたか、ということであった。
アーレントによれば、ブレヒトがベンヤミンにとって重要だったのは、彼が「まれなほど現実に密着した知性の持ち主」[14]であるからだった。ブレヒトが「粗野な思考」と呼ぶものに関して、ベンヤミンが「理論が実践によりどころを求める」と書いているところを、アーレントは次のように「現実」と読みかえている。

ベンヤミンを粗野な思考へと魅了したのは、おそらくそれが実践というよりも現実によりどころをもとめていたことだった。そして彼にとってこの現実は、ことわざや慣用句に満ちた日常言語のなかに現れるものであった。「ことわざは粗野な思考の学校である」と彼は同じ脈絡で書いている。ことわざのようなものや慣用句のようなものを「文字どおりにとる」芸術によって、ベンヤミンは、カフカ――日常的な言い回しからしばしばインスピレーションを得ていることが明らかで、そこから多くの「なぞ」への鍵を得た――と同様に、あれほど独特な魔法のようであると同時に魔法にかけられた〈現実への近さ〉をもつ散文を書くことができたのである。[15]

アーレントがこの箇所を「現実」と読みかえたのは、彼女にとっても現実を把握する方法がとくに重要な問題であったからである。一九六六年三月の『思索日記』には「理論 - 実践」の理解についてのメモがあり、イデオロギーというフィクションの反対は「ノンフィクション」ではなく、「現実を強く主張することである」とも書かれている。[16]

アーレントがベンヤミンを読みなおしながら、この「暗い時代」の人びとの一人として彼のことを書いていたのはどんな時期だったか。そのことをあらためて考えておこう。一九六七年、多くの公的機関がCIAに資金的にもイデオロギー的にも依存していることが明らかになりはじめ、「文化の自由のための会議」や全米学生連合（NSA）、名の通った雑誌なども資金援助を受けたことが暴露されていた。[17]その年の三月、アーレントはヤスパースに「事実上われわれの知的生活のすべてがこの毒害にむしばまれているのです」と書いている。[18]しかし、それを「若者のほかはだれも気にもしていない」というのが当時のアメリカの状況だった。こうした自己欺瞞、ヴェトナム戦争の深刻化、国内での抑圧、学生運動の激化、ニューヨークの公共サービスの崩壊のなかで、アーレントは、アメリカを離れ夫妻でスイスに移住することを考えるほどだった。一九六八年二月、アーレントはヤスパース宛に「こちらでは、重苦しい心配が胸をふさいでいます。また一つ共和制が滅びていくのを、見たくはありません」[19]と書いている。そして、マッカーシーには「自分のしていることすべてに無用感を覚え」、「今危機にあることと比べれば、すべてが取るに足りないものに思えてきます」と伝えている。[20] ただし彼女は、思考するときにのみ、その感覚を打ち消すことができた。

ショーレムはベンヤミンとカフカの関係を重視するが、同様にアーレントも、ベンヤミンはプルーストについでカフカに対して親近感を抱いていたと考えた。ただしアーレントによれば、その親和性とは「失敗者」の認識という点においてだった。

ショーレム宛の書簡でベンヤミンがカフカについて述べた「彼の創作への理解にとりわけつながるのは、彼が失敗したという単純な認識だと思われる」という言葉を、アーレントはベンヤミン自身にも当てはまるものだと見ている。「希望なき人々のためにのみ希望は与えられる」という「ゲーテの『親和力』」の言葉は、まるで「カフカが書いたもののよう」であった。[21] そして、アーレントは暗い時代におけるこの「失敗者」たちの現実を見る眼をこそ信頼する。「難破船のすでに壊れかけたマストの先端によじのぼって」救助信号を送る「難船者」ベンヤミンと、瓦礫の下に見るものを記録しようとする絶望者カフカの身ぶりを、アーレントは特別の思いを込めて書き写したことだろう。彼女はカフカの『日記』から引用している。

生きているときに生に対処できない者は、運命に絶望するのをわずかでも避けるために片手を必要とする……が、もう片方の手で彼は廃墟のなかに見るものを書き記すことができる。というのも、他の者たちとは違うかたちでより多くを見るからだ。なにしろ彼は生きながらに死んでいて、本当の生き残りなのだ。[22]

カフカは十歳の甥の教育について、「プラハの裕福なユダヤ人」の「ちっぽけで汚れた、生暖かくて陰険な」精神から彼を救うために、寄宿舎学校にいれるよう姉に勧め、数通の手紙を書いたことがあった。[23] アーレントはその手紙にふれ、それをベンヤミンが抱いていた、来客があるときに「秘宝」が見せびらかされる「神殿のような食器棚」をもつ富裕なユダヤ人層への嫌悪感と照らし合わせて考えている。その階層の富は、彼らの内向きの頑固さと外向きの尊大さを支えるものであり、それこそが社会の現実を正面から見ることを遮っていた。二〇世紀の破局の経験から見るとすでに色あせて見えるかもしれないかつての「ユダヤ人問題」の様相も、ベンヤミンやカフカやクラウスを理解するためには欠かせないものである、とアーレントは指摘する。

彼らの批判に痛烈な鋭さを与えたのは、反ユダヤ主義そのものではけっしてなく、それに対するユダヤ人中産階級の反応であり、知識人たちは彼らとは断じて同一化しなかった。〔…〕問題は、広汎に存在する反ユダヤ主義の見せかけの否定に、ユダヤ人ブルジョワジーが自己欺瞞のあらゆる舞台装置によって演出する現実からの分離にあった。[24]

アーレントは、先にふれたカフカの手紙から、「貧しい人たちの場合には、いわば世界が、労働生活が、勝手にボロ屋に入ってきて〔…〕美しく家具を整えられた家族の部屋の湿っぽい、毒に満ちた、子供をやつれさせる空気を生み出すことはない[25]」という言葉を引用する。じつは、これはカフカが姉を説得するために、スウィフトの『ガリヴァー旅行記』のリリパット人の子供の教育を引きあいに出している箇所であり、スウィフトはそこで、リリパット人は子供の教育を公立の「保育学校」に委ね、「農民や労働者」は自分たちの家で養育する、とだけ書いている。カフカは長々とした説明の手紙の最後に、「つまりだいたいこういうふうに僕はスウィフトの箇所を読む」と書いていた。

バフチンは、「言語の中の言葉は、なかば他者の言葉である」と述べている。[26]「それが〈自分〉の言葉となるのは、話者がその言葉の中に自分の志向とアクセントとを住まわせ、言葉を支配し、言葉を自己の意味と表現の志向性に吸収した時である」という。「収奪」の瞬間まで言葉は他者の「唇の上」にある。[27]

最後になったが、もう一人の絶望者としてカール・クラウスを忘れてはならない。「時代が自害しようとみずからに手を下したとき、この手こそクラウスだった[28]」(ブレヒト)。ベンヤミンとカフカ（そしてアーレント）とともに「伝統の崩壊」と「現在に対する絶望と現在を破壊する願望」を抱いたクラウスについて、ベンヤミン自身は次のように書いている。

絶望している人間にしてはじめて、引用のなかに、保守する力ではなく純化する力を、連関からもぎとり破壊する力を、発見したのである。これこそ、いくらかのものはこの時代から抜け出て生き延びるという希望をなおも秘めた、唯一の力なのだ――というのも、それらのものは、この時代から追い払われたがために生き延びるのだから。(29)

一九六七年十一月に改訂版の英語のベンヤミン・エッセイをヘレーネ・ヴォルフに送ったとき、アーレントは、「カール・クラウス・エッセイももう一度読みなおし、再び圧倒された」(30)と書いている。このベンヤミンのエッセイを『イルミネーションズ』に収録しなかったのは、それを計画した数年前は、クラウスがアメリカでまだ知られていなかったからだったと言う。アーレントはヘレーネ・ヴォルフに、近々クラウスの英語版著作集が公刊されるという話を耳にしたと伝え、そのエッセイが「とてもとてもいいので、あなたが読んでいないことは、ほとんど問題にならない」「今からでも考えてみてほしい」「話しましょう」とたたみかけるように書いている。彼女たちの話しあいがどうだったかは記録に残っていないが、結果的には、「カール・クラウス」というエッセイは『イルミネーションズ』には収録されず、アーレントが提案した他の著作とともに、彼女の死後に公刊された英語のベンヤミン著作集第二部である『リフレクションズ』に入った。

第八章　反逆する心という遺産

アーレントがベンヤミン講演をフライブルク大学で行なったのは、一九六七年七月二六日であった。ちょうど二日前の七月二四日には、同じ場所でパウル・ツェランの朗読会が開催されていた。その翌二五日にツェランは、ハイデガーの思索の場所として有名なトートナウベルクの山小屋を訪れている。[1] しかし、訪問に際してツェランがハイデガーに求めたナチズムへの加担についての謝罪や弁明は、哲学者からは一言も発せられることはなかった。詩人は一週間後にハイデガーに対する批判を込めた詩「トートナウベルク」を書くことになる。このエピソードはとてもよく知られている。

他方で、アーレントは二六日の講演会で、ハイデガーとベンヤミンをともに、伝統と過去の権威に衝撃を与え、前後関係を破壊して典型的なものから切り離した「思想の断片」を集める

「真珠採り」とみなして論じていた。彼女は、ベンヤミンの詩的思考と、「過去に身を委ねるのではなく現在を熟考する、伝承への傾聴」を要請するハイデガーの立場のあいだの近さを強調したのだった。[2] ツェランとアーレントは出会ってはいないが、これら日付の上での偶然には驚かざるをえない。

ベンヤミンとアーレントは、それぞれ時期は違うのだが、フライブルクの町に住んだことがあった。フッサールの家もアーレントの住んでいたアパートの近くにあった。現在、フライブルク大学の哲学部の校舎の前には、「ここでエトムント・フッサールが教えた。一八五九年生まれ。一九三三年公職禁止。出国禁止。屈辱を与えられ／権利を剝奪された。一九三八年四月二七日死亡」と刻まれた「躓きの石」を認めることができる（「躓きの石」とは、ナチ時代に強制収容所に送られた人びとの元住居の前の道路に埋め込まれている真鍮製のプレートのこと。一九九三年に始められた市民参加の想起の文化にかかわるプロジェクトであり、ドイツ各地のさまざまな街路で確認することができる）。ユダヤ人であるという理由でフッサールの「学部出入り禁止」命令が出されたが、それに署名したのは、一九三三年にフライブルク大学総長となり、国民社会主義ドイツ労働者党＝ナチ党に入党したハイデガーだった。すでにあまりに高名で老齢でもあったフッサールは、強制収容所や絶滅収容所に送られて命を落としたわけではないが、この「躓きの石」は、大学教員としての彼を死に追いやった歴史を記憶するためのものである。

アーレントは、長期にわたって難民・無国籍者として生活し、ナチの犯罪がもたらした「地獄」を地上の現実として経験してきた。彼女はハイデガーの愚行を痛烈に批判していたが、戦後に再会したあとは、しばしばフライブルクを訪れていた。かつての師と弟子という関係にとどまらず、一時期恋愛関係にもあったハイデガーとアーレントの思想的関係については、簡単に論じることはできない。ここでは、フライブルクでの講演＝ベンヤミン・エッセイをわたしなりに読むなかで見えてきた糸口から、問題に一考を加えておきたい。

アーレントは、ベンヤミンやカフカやカール・クラウスの世代のユダヤ人たちが抱えていた問題を明確にするのに際して、ユダヤ人問題を論じたモーリッツ・ゴルトシュタインの「ドイツ・ユダヤ人のパルナソス」(3)（一九一二年）から引用している。「われらユダヤ人はある国民の知的財産を管理しているが、当の国民はわれわれにはそのための権利も能力もないと述べる」(4)。

ゴルトシュタインのこの古いテクストに遡ってみると、彼は、文化的領域におけるユダヤ人の役割を検討し、そこに現実に存在するドイツ人からの「本物の憎悪」、野蛮な不正義を指摘している。しかしそれとともに、それらから目をそらしているユダヤ人の「成り上がり者たち」の状況の危うさを突きつけていた。さらには、「この土地はわれわれのものでもあり」、「ドイツの春はわれわれにも春」であり、「ドイツの昔話で育ったのではなかったか、赤ずきんちゃんやいばら姫で戯れたのではなかったか」、「これらを放棄するつもりはない」、「ドイツ人とユダヤ人を対立項として扱うのは暴力であり、歪曲である」、「解決策は分からないが」、「生まれの原理を強調するのをやめること」が必要だとも書いていた。ユダヤ人もドイツ人も「同志（Genossen）ではないとしても同時代人（Zeitgenossen）であり、時代がもちこむ課題と要請を共有している」[5]からである。

そこには当たり前のように思われる事柄がくりかえし提示されなければならないような絶望的な状況があった。その絶望のなかでは「書かないこと」も不可能であり、「簒奪」した「他の人の所有物」であるドイツ語で書くことも不可能であり、だからといって「他の言語で書く」ことも不可能であり、しかしながら絶望は書くことで「和らげうるものでもなかった」。こう書いたのはカフカだった[6]。

こうした前にも後ろにも動けない状況のなかで、あらゆる帰属や伝統を疑い、過去への回帰や過去の継承を拒んだクラウスやベンヤミンたちが選んだのが、引用という蒐集の「身ぶり」である。クラウスは、「反乱の稲妻が光るとき、古い格言はよろこんで移植される。逃れられない遺産は、破壊しろ。それを所有するために」[7]と書きつけ、またベンヤミンは、クラウスが言う「連関からもぎとり破壊する力」[8]に共鳴した。「絶望している人間にしてはじめて、引用のなかに、保守する力ではなく純化する力を、連関からもぎとり破壊する力を、発見したのである」。ハイデガーは、「真の伝承は、過ぎ去ったものの積み荷を引いていく船列ではない。むしろわれわれを待っているもののなかへとわれわれを解放し、思考の事柄のなかへと指し示す」[9]と述べた。

アーレントは、「ハイデガー八〇歳」（一九六九年）という論稿のなかで、伝統の糸が切れた後に過去を新たに発見する思考、水源に向けて深く穴を掘るようなハイデガーの情熱的な思考の意義を強調し、あらためて賞賛している。[10]ただし、ハイデガーのナチへの加担、思考の国を住処とする哲学者の「失敗」を水に流すことはしない。彼女はその哲学にひそむ「独裁的なものへの傾向」とはきっぱりと距離をおいている。こうしたハイデガーに対する立ち位置を見ると、アーレント自身もまた、暗い時代の廃墟のなかで自分を支える引用としての「思考の断片」を、連関からもぎとるという姿勢をそのとき採用していたのではなかっただろうか。アーレントにおいては、「時代がもちこむ課題と要請」として伝統の崩壊が普遍的に引き受けられているとともに、「移植」されたものとしての言葉が残されている。

「残ったものは言葉です」「狂ってしまったのはドイツ語ではないでしょう」というのは、アーレントの言葉である。市村弘正によれば、そのように語りえたアーレントに比して、ツェランにとっては、それだけが「失われていないものとして残った言葉」とは、「おそるべき沈黙の中を、死をもたらす弁舌の千もの闇の中を来なければ」ならないものだった。[11]ツェランにとって母語とは、敵国語に反転してしまうものだった。市村は、「国家から引き剝がした言葉」

として母語を保持しえた政治理論家アーレントと違って、「記憶の傷」を「詩的注視の核心」とする詩人ツェランに残された言葉は、「物語を語るにはあまりに負荷が大きかった」と述べている。ツェランは「黒いミルク」[12]を飲み続けざるをえなかった。「詩語の内にまで侵入する」絶滅の記憶によって、言葉そのものに「無数の亀裂」が走るとき、物語や意味の不可能性がつきつけられる。

しかし、ことはそこで終わらない。逆に言えば、アーレントには引き剝がされ、根を断たれた「他者の言葉」が残されていたからこそ、彼女は「保護」ではなく「破壊」したい出来事として全体主義を語り、言葉に沈殿する「概念の物語」を語ることができたのだということにも気づかされる。「あらゆる悲しみは、それを物語にするか、それについて物語れば耐えられる」というイサク・ディネセンのモットーを、アーレントはしばしば引用していた。それは、何度も語りなおす営みによって、自らを「悲しみ」にひきわたすのではなく、むしろそれを捉えかえす想像力が人間にはあるのだ、ということを伝えている。アーレントは次のようにも書いている。

運命の打撃に対して、神々の悪戯に対して、人間は自分自身を守ることはできないが、語ることのなかでそれらに立ち向かい、応酬することはできる。そしてこの応酬はなんの助

けにもならず、不幸をひっくり返すこともできないにしても、その言葉は出来事そのものの一部となる。(13)

アーレントは、一九二〇年代末から、ドイツ・ロマン派のユダヤ女性ラーエル・ファルンハーゲンの伝記の執筆にとりくんでいた。一九三三年までに最後の二章を残して大部分を書き終えていたが、亡命で中断される。彼女はドイツ脱出時に原稿を携え、パリで亡命生活を送りながら一九三八年にようやくそれを仕上げることができた。(14) パリでは、伴侶のハインリヒ・ブリュッヒャーや、二人の友人であったベンヤミンがその完成を見守っていた。

この作品の冒頭にエピグラフとして掲げられたエドウィン・アーリントン・ロビンソンの詩行には、「彼女の見たものと、わたしたちが見たものとのあいだに情け深いヴェールをかけることはすまい、――彼女の見たものが何なのか、その過去も現在も未来も言い当てられるかのように」とある。アーレントはまえがきで「私の関心はただ、ラーエルの生涯の物語を、もし彼女自身が語ったとしたらこうであろうように私の言葉で語ることにあった」と書いている。訳者の大島かおりの言葉を借りれば、伝記的な説明は断片的に挿入されるのみで、物語はおもにラーエルの日記や手紙の引用から「織り出されてゆく」。「伝記としては本来不可能な方法、語り手が語られる対象と完全に同一化してその生涯を自伝のように語りうるかのような、まことにロマン主義的な語りの方法が、あえて選ばれている」[15]。ハイデガーとの往復書簡の訳者でもあり、アーレントの文体をまさに内側から読みとってきた大島は、この特異な語りの方法の背景についても書きとめている。アーレントの描くラーエル像がナチ・ドイツの「現在」から逆照射されたものであり、そこには危機感とパセティックな共感が練りこまれていること、そして若きアーレントにはロマン主義的心性と内向性があり、ハイデガーとの親密な関係のなかで抱えていた苦悩や痛みもまたそこに描きだされていること。さらには、「アーレントはラーエルを語ることで、ラーエルと同様、自分の経験を語り、理解し、一般化しうる、みずからの言語を見いだしていった」と指摘する[16]。

たしかに、一七七一年に生まれ一八三三年に亡くなった傑出した一人のユダヤ女性の「言葉《テクスト》」の海にもぐり、その水をくぐったこの経験があったからこそ、アーレントはその後の破局的な「時代の縁」で、なおも物語ることができる強靭さをもちえたのではないか。一八一〇年のラーエルの日記にはこうある。「あなたはなにをしている? なんにも。生をわたしに雨と降り注がせているのです」[17]。ゲーテに心酔し、当時のベルリンの知的世界の主要人物たちが集まるサロンを主宰していたラーエルは、周囲の世界への同化を求めつつも、「油断なく目覚めて」いて「痛みを感じとれる」というかけがえのない特性を保持していた。ラーエルは自分のことを自分の歴史をもたない人間だと感じ続けたが、彼女の人生は、みずからの言語を見いだす現場でもあった。そして、出来事を言語にすることの苦しみを露わにしつつ生きるその生涯を、アーレントが物語ること自体が、二〇世紀の伝統の崩壊と「歴史不在[18]」という状況のなかで続けられた稀有な実践だった。

アーレントは、「自分の歴史をもたない人間てなんでしょう? 自然の産物であって、人格的存在ではありません」というラーエルの言葉を引きながら、次のように語っている。

> 自分の歴史を知らないと、しかもつねに現在の所与だけを是認して不快なことは嘘でごまかし、よき財産を忘れてしまうようないい加減な人間ではないとすると、歴史は復讐してくる。完全に個人を超えた壮大な力として歴史は個人の運命と化してしまうのだ[19]。

この数行は、たしかに明示的には人生に自分をむき出しのままさらしたユダヤ女性ラーエルに向けられているだろう。しかし、わたしはこの言葉から、アーレント自身を「〈歴史不在〉の地獄を生き抜いたひと」と呼んだ渡辺哲夫によるハイデガー観を思い出す。渡辺によれば、ハイデガーは、「歴史不在」というその時代の「病い」の自覚のなかで、現存在の「現」の根拠をもとめつつ、「われわれの民族がその歴史的負託を果たすことを望んでいる」(傍点は渡辺)という「フェアシュティーゲンハイト」Verstiegenheit(「思い上がり」「現実遊離」「奇矯な理想形成」「登り間違い」）の表現者となった。[20]

アーレントによる『ラーエル・ファルンハーゲン』には、ラーエルの日記や書簡の抜粋で構成された第二部がある。これは重要な資料であると同時に、アーレントによる引用集とも言えるだろう。そこでは、社会のなかには「居場所も職務も、虚飾の称号も」[21]もたなかったラーエルが、日記や書簡のなかで語るのである。

「歴史は愚か者たちの手にかかるとたいへん有害で、歴史についての根本的謬見が横行するようになる」、「たんに歴史をつうじて生を見ているだけの歴史著述者は、現在の生をつうじて歴史を把握し記述する者と、きびしく区別され、等級分けされるようになるだろう」[22]。アーレントによれば、ラーエルは同化を試みキリスト教に改宗までした「失敗」の人生の最後に、底辺から全体を見わたす「誇り高い」反逆に転じ（「わたしはやっぱり反逆者なのです」）、反ユダヤ主義が高まる状況のなかでユダヤ人にとどまる決意をした。そうしないと「人間の屑になってしまうのである」[23]。

このアーレントの物語りは、ラーエルが晩年にハイネに宛てて「わたしの老いた傷だらけの心臓から溢れでた言葉《テクスト》は、あなたの言葉であり続けねばならないでしょう」[24]と書いた手紙で締めくくられている。そして、その引用の前には「一つの破産の歴史と反逆する心という遺産」という言葉が挿入されていた。

第九章　「あいだ」にあるということ

アーレントは、ラーエル・ファルンハーゲンを「一〇〇年もまえに死んでいる」が「わたしのほんとうに最良の友だち[1]」と呼んでいる。「社会との結びつきを見いだせず」、「人びとのなかの一人」になることもできず、「見捨てられていること」にもがき苦しんだラーエルの生を伝記の形で物語った[2]。

アーレントによれば、ラーエルは、友人たちへの手紙や日記のなかで自分の経験を物語ることをつうじて、人びとのあいだに居場所を確保しようとしていた。アーレントは、このラーエルの伝記以外にも、『暗い時代の人びと』に収録されたレッシング論やベンヤミン論のように、人生と仕事において「弱い光」を灯した人びとのポートレートを後世に残している。

また、彼女自身は回想録や自伝を書かなかったが、それこそ厖大な数の手紙を残した。今ではその主要なもののほとんどが書簡集として公刊されている。

彼女はラテン語の inter homines esse（人びとのあいだにとどまること）という言葉をくりかえし引きながら、人間にとって生きることとは、複数性のなかで生きることであり、死ぬとは desinere inter homines esse（人びとのあいだにとどまるのを止めること）だと述べていた。(3) その意味において人間が生きうる世界、複数性という人間の条件が可能となるような最小限の信頼関係、人間の共存に欠かせない相互関係を確保することが、彼女にとっての政治のミニマムであり、それがまた彼女が〈政治〉について考え続けた理由ではなかっただろうか。

昔、たまたま友人に連れられてマールバッハのシラー博物館を訪れたとき、そこに隣接するドイツ文学資料館を覗いてみたくなった。ちょうどエリザベス・ヤング゠ブルーエルによる伝記をドイツ語訳で読みおえていたところだったので、ヤスパースとの往復書簡（これは当時すでに公刊されていた）をはじめとするアーレントの書簡類や遺稿の一部が、そこに所蔵されていることを知っていたからである。資料館の受付で半信半疑で手紙が閲覧できるかどうか尋ねると、すぐにそのための手続きが済み、しばらくするとブルーメンフェルトとの書簡などが目の前にひきだされてきた。アーレントの手紙を読むのも、そもそも誰かが残した遺稿そのものにふれるのも初めての経験であった。そのときは、ブルーメンフェルトに宛てたアーレントの手紙の筆使いがとくに生き生きとおもしろく感じられて、読みながらその文章を丁寧に手持ちのノートに書き写したことを覚えている。現在はこの往復書簡も書簡集として公刊されている。
ところで、このブルーメンフェルトに宛てた一九五二年八月六日付の手紙のなかで、アーレントは興味深いことを書いている。ヤスパース夫妻と一緒に休暇を過ごしていたスイスのサン・モリッツからの手紙であり、「クルト、クルトちゃん、愛しています、鳩のローストに変身してあなたの口の中に飛んで行きたい」というちょっとふざけた書き出しなのだが、本章での考察にかかわる部分だけを引用しておこう。

わたしはいわゆるグッゲンハイム奨学金を得て、ハインリヒは現実の哲学教授になりました。つまり、ひとまずはお金を稼ぐ必要がなくなったのです。一九三三年以来初めて研究だけをするのです。たくさん予定しています。『全体主義の起原』の後、何かを完成させることは二度とできないと思っていました。でもそれは間違い。まもなく、つまり二、三カ月以内にはイデオロギーとテロル（二重の強圧）についてのエッセイを送ります。それは、ヤスパースの記念論文集のために、もっと大部で少し哲学的な論文から切り取ったものなのですが、読むとあなたにはきっと、わたしが片足でモンテスキューに着地し、もう一方の足を再び懐かしのアウグスティヌスに据えたことが分かるでしょう。ちゃんとしたことをやりたいという気持ちがすごくあって、共和国と格闘中で、つまりプラトンとギリ

シア人のものを再読しています。(4)

ヤスパースの記念論文集で発表された「イデオロギーとテロル」は、『全体主義の起原』のドイツ語版および英語の第二版以降の版に、その第十三章として加えられた。ここで言及されている「もっと大部で少し哲学的な論文」は、それとしては公刊されなかったために、これがどの草稿を指しているのかは不明だが、内容的にはジェローム・コーンが編集した *Essays in Understanding*（『アーレント政治思想集成』）に収録されている「理解と政治（理解することの難しさ）」と「全体主義の本性について——理解のための試論」を合わせたもののことであると推察できる。(5)

手紙の数行は、これが、『全体主義の起原』を書き終えた後、続けて何かを成しとげることはできないと思っていたアーレントにとって、自信をとりもどし、その後の思考を基礎づけることにもなった重要な研究プロセスであったことを伝えている。ブルーメンフェルトとの往復書簡の編者であるインゲボルク・ノルトマンとイリス・ピリングは、この箇所に編者の注を付けて、次のように解説している。「モンテスキューとアウグスティヌスがハンナ・アーレントにとって、政治的なものの特性を考えるために重要な大家であったのに対して、プラトンは、政治を哲学の法則の支配下に置くという点で「原罪」を具現していた(6)」。

じつは一九五四年五月八日付のハイデガーに宛てた手紙でも、アーレントは、「ほぼ三年来わたしは、たがいに多面的に結びついている三つの問題への接近を試みてきました」と報告している。それは、一つには「モンテスキューから出発して国家形態を分析すること。〔…〕支配という概念がどこで政治的なものへ入りこんだのか〔…〕どのようにその時どきで異なる政治空間が構成されていくのかを、突き止めること」、もう一つは「一方ではマルクスから、他方ではホッブズから出発して」労働・制作・行為という「人間の諸活動を分析すること」、さらには、「洞窟の比喩」から出発して哲学と政治の「伝統的な関係を描き出してみること」であった。そして、これらは「全体主義支配についての本を書いていたあいだからすでに気になってしかたのなかったことがら」を追いかけた結果であったという(7)。

アーレントが「気になってしかたのなかったことがら」とは何だろうか。そのことのヒントの一つは、一九五一年三月四日付のヤスパース宛の手紙に見いだすことができる。そこでアーレントは、「根源的な悪」が「人間を人間としては不要にしてしまうという現象」とつながっているのではないかと書いている。ここでの「人間」とはMenschen、つまり複数形の人間である。全体的支配のなかで現われた根源的な悪は、複数形の人間を「余計な者」にしてしまう現象、つまり人間が複数性のなかで生きているということを全面的に無視した現象であった。根源悪は人間の複数性を破壊したのだった。

アーレントは、複数形の人間を不要にするこの現象は、「人間の側から言えば自発性に相当する unpredictability［予測不能性］をすべて排除してしまえば、ただちに出現」するものだと言う。そしてそれが、「人間は全能だと信じる」という、たんなる権力欲ではないある「虚妄」と関係がある、と述べる。個々の人びとの自発性が消えても人間は存続しうるという「虚妄」は、理性による支配や独裁的傾向にも通じるだろう。アーレントは、次のように続けている。

ところで私は哲学がこのひどい話にまったく責任がないわけではなかろうと思っています。もちろん、ヒットラーがプラトンとどこかでつながっているなどと言うつもりはありません。（私が全体主義的支配形態の諸要素を見分けようと、あれほどの苦労を払ったのは、プラトンからニーチェまでをふくめた西洋の伝統に、そのような嫌疑をかけるのはまちがっていることを示すためでもあったのです。）それよりもこの西洋哲学が、政治的なものについての正確な概念をいちどとしてもたなかったこと、人間について語るばかりで複数性の事実を付随的にしか扱ってこなかったがために、そのような概念をもちえなかったこと、この意味での責任です。でもこんなことは書くべきではありませんでした、まだまだ十分に醱酵してはいない考えです、お赦しください。(8)

「全体主義的支配形態の諸要素を見分けようと、あれほどの苦労を払った」という言葉の意味は、まさしく『全体主義の起原』で書かれた内容全体が具体的に提示しているだろう。アーレントは、現実に起こった出来事を何らかの思想や観念に還元してしまうことはなかったからである。

それでも彼女にとって、自らが若いころから親しんできた西洋哲学の伝統が、人間の複数性という「事実」を「付随的にしか扱ってこなかった」ために、「政治的なものについての正確な概念をいちどとしてもたなかった」ことは、全体主義の経験において考えなくてはならない事柄の核心と密接に結びついていた。

アーレントは、一九五〇年八月の『思索日記』のなかで、「政治は複数の人間のあいだに、つまり完全に単数の人間の外に発生する」、「政治はあいだに発生し、関係として成立する」と書いている。[9]〈政治〉を考察することは、全体主義の本性を理解するという要請と背中合わせでつながっていたのである。

「イデオロギーとテロル」で論述した「全体的支配の諸要素についての分析と密接に関係」する「厳密に理論的な性質のいくつかの洞察」を、彼女は『全体主義の起原』の初版を出した段階では、いまだ獲得してはいなかった。[10]他方で、戦後、国際政治においては全体主義批判がキャッチフレーズとして濫用され、「全体主義との闘い」がしきりに掲げられていた。学問的にも、全体主義をただちに暴政や一党独裁と同一視して済ませる傾向が生まれていた。「歴史、経済、社会、心理学が結びついた」組織的な研究や、データに対する科学的評価のようなものが、この難題の理解をもたらすわけではない、と彼女ははっきり意識していた。[11] 全体主義の本性を探究し、その先例のない統治形態の本質を考え、理解しようとする試みは、「私たちの世紀の核心そのものを理解することにほぼ等しく」、目先の有用性にはただちには結びつかない。しかも、この終わりのない思考の営みは「政治学の問題」でもあった。[12] 全体主義という出来事そのものが、理解のための伝統的枠組み、判断基準や思考のカテゴリーまでも打ち砕いていたことにも、アーレントは極めて自覚的であった。そこには既存の学問的範疇がいまや無効となったという知的現実が突きつけられていた。

さて、そのような苦境のなかで彼女が当時の思考の伴走者に選んだのが、人間は「自分自身の本性を示されると、それを知る可能性もあるが、それが隠されると、それについての感覚までも失う可能性もある」と述べたモンテスキューであった。[13] 法律が市民の生活を規制するものだとしても、長期にわたる専制は、私的個人の生活を支える習俗や伝統という道徳的基盤を崩壊させ、それだけでなく人間の「本性についての感覚」も失わせる。こう考えていたモンテスキューのペシミズムに、アーレントは同意したのである。彼女は、「彼〔モンテスキュー〕は何か最終的な結論へと駆り立てられることなしに、一方で暴政の悪について、他方で人間の自由の条件について考え抜いた」とも書きこんでいる。まさにこの指摘は、アーレント自身にも当てはまるのではないだろうか。

モンテスキューは法律を「事物の本性に由来する必然的な諸関係」と定義する。そして、その諸関係のなかに存在する法律の精神そのものを論じていた。アーレントは、全体主義的統治が暴政や専制や独裁の先例の「寄木細工」でない、新規な事態であるとするならば、その「固有の本質」は何か、そこにおける人間の「基本的経験」は何かと問うた。そのときに、まずはモンテスキューによる政体の区別を参照する。モンテスキューは、政体の固有の構造とそれを動かす固有の原理について、人民主権の立憲政体である共和政の行為の原理は「平等への愛」と等しい「徳」であり、一人の人間が主権的権力をもつ合法政体である君主政での行為の原理は「名誉」であり、一人の人間が恣意的に支配する無法の政体である暴政での行為の原理は「恐怖」であると、それぞれ定義している。

アーレントは、モンテスキューが生の異なる領域（公的生活と私的生活）には相関関係と共通の地盤があると示唆したことをひきとって、次のようにアクセントを「基本的経験」のほうに移した。君主政における原理である名誉＝卓越性への愛が生まれる地盤としての基本的経験は、人びとが生まれながらにして互いに異なるという「人間の条件に内在した経験」である。(14)共和政の法とその市民の行為を生みだす基本的な経験は、「同等に力をもつ人びとの集団に属し、そうした人びとと共に生きるという経験」である。後者の場合、「平等への愛」である徳は「力の同等性があるからこそ、人間は独りではないという経験」なのだと言う[15]。そして、暴政については次のように述べている。

恐怖、すなわち暴政のなかで行為に息を吹き込む原理は、私たちが完全な孤独のなかで経験するあの不安に基本的に関連している。この不安は、同等性の他の側面を明らかにし、同等な者たちと世界を分かちあうことの喜びに対応する。私たちが自分の力（厳密に私たち自身のものである強さの量）を表現するために必要とする依存と相互依存は、完全な孤独のなかで、ひとは独りだけではまったく力をもたず、いつも優越した力によって圧倒され打ち負かされてしまうと気づくときはいつでも、絶望の泉となる。もしひとが独りだけで自然の力や環境の力と戦うのに十分な強さをもっているのだとしたら、彼は仲間を必要としないだろう。徳は、他の人びとと一緒にいる恵みを受けるために力を制限するという代償を喜んで払う。恐怖とは、理由が何であれ「一緒に行為する」ことを拒んだ人びとがもつ、個人の無力さについての絶望である[16]。

ここで少しとどまって、この引用からおそらく浮かびあがってくる議論のある側面に注意を払いたい。

アーレントは、暴政という無法の統治において、人びとが共に何かを行なう act in concert という契機が欠如するようになるとき、無力感が生まれると指摘する。「行為の原理としての恐怖は、ある意味で言葉の矛盾である。なぜなら恐怖とはまさに行為が不可能であるという絶望だからである」。また、「法のない組織が樹立され、同時に恐怖の源泉となるような基礎は、根源的に孤立しているすべての人びとが感じる無力さである」。そして、同等性の力の経験に意味と合法性を与える「合法性の構造」は、それが崩壊したり変形したりするやいなや、「同等な人びとのあいだの諸力」が「放棄」され、「絶対的な無力」の経験が生まれると指摘し、それが「平等にもとづくすべての統治形態に特有の危険性」であると言いそえるのである。「同等な者たちと世界を分かちあうことの喜び」は、そのとき「恐怖」や「不安」に転じる。しかもそこで「無力」を感じざるをえないということは、逆から言えば「一緒に行為する」ことにおいては力を感じるということを意味しているだろう。

アーレントは、政治は複数の人びとの「あいだ」にあり、「あいだ」の領域で人びとを関連づけるものとして成立する、と考えていた。彼女は、モンテスキューによる「諸関係」としての法律という洞察を自分の議論に組みこんだとき、「法律は、「政治的なもの」、すなわち人間の世界の「あいだ」の領域を規制する」とも書いている。[17]

『思索日記』では、一九五一年十一月から十二月にかけてモンテスキューの『法の精神』の読書メモ（簡潔な抜き書きとコメント）が続くのだが、その後の一九五二年一月に「権力」（Macht）と題した非常に興味深い書きこみがある。その前半部分を、少々長くなるがここに訳出しておきたい。「無力」を考え、現在の社会全体で蔓延する不安や恐怖を「あいだ」への信頼や勇気に反転させるヒントが隠されているからである。ここでの「権力」という言葉は、人びとが結合し分離するという、動きが可能な「あいだ」の領域に共にあるときの、その潜勢力を意味している。

> 権力：
> 政治が「あいだ」の領域に成立する理由：権力は、人びとがいつも何かを共に企てるときに生まれ、いわば複数性の根源現象である。一人で権力をもつ者はいないし、ひとりひとりでは人間は無力であるのだ。無力は孤独な者の基本的な経験であり、そこから――つまり複数性のなかでの孤独から――ルサンチマンが生まれる。ひとりひとりの無力から、つまり単数の人間の無力から、精神の無力性という誤解が生まれる。精神も単数の人間も「無力」ではなく――権力という問いはここではまだ立てることができない――ひとりひとりの人間は誰しももっとも強くもある。強さが権力になるのは、一緒にいることにおい

てのみである。「強者は一人で戦うときがもっとも強い（シラー）」という言葉は間違っており――これほど私たちの政治哲学の本来的な傲慢さをよく示しているものはない。

ホッブズはこの現象を見たが、理解しなかった。彼の機械論的な思考にとっては、権力は量であるために、定義上すべての他の権力量に対立している、本質的に平等な権力量を、万人が所有しているかのように見えた。それゆえ「闘争」の解決策は、この量を権力の独占者――暴君――に引き渡すことであり、後には権力を失った万人が残された。

〔…〕

権力は複数性の「あいだ」で生じる。実際に誰もそれを占有することはできない。権力はこの「あいだ」から「主体」に移される場合には、たちまち水泡に帰してしまうからである。その「あいだ」で権力が成立する複数性において、人びとは自然を克服し、世界を打ち立てるか、あるいは自然を征服し自己破壊する世界を打ち立てる。人間そのものである「はじまり」initiumは、「あいだ」のこの領域においてのみ現実のものとなる。「あいだ」における権力の源泉とともに「はじまり」が生じる。だからアルケーは「はじまり」と支配という意味があるのだが、ただし支配という言葉のなかにすでに誤解が混ざりこんでいる。アルケーは「はじまり」であり権力なのである。(18)

ここには政治的なものの新規で独特の理解が姿を現わしている。政治を「友敵関係」として規定したり、「奴は敵である、敵を殺せ(19)」という格率として定式化したりする二〇世紀の政治理解は、人間の共存をくりかえし脅かしてきた。そのような時代に、それに根本から抗ってアーレントはこのような思索を書きとめていたのである。行為においても思考においても、不安や恐怖を回避するために「あいだ」にあることの潜勢力を手放してはならない。今に生きる絶望一歩手前のわたしたちにとっての「はじまり」を、ここに探すことができるかもしれない。

第十章　ローザの従姉妹

一九五六年の夏のことだ。アーレントはブルーメンフェルトに、客員教授として教えたカリフォルニア大学バークレー校での学生との交流についてこう伝えている。

バークレーで、わたしはローザ・ルクセンブルクの名前に一度も言及したことはないのですが（まず誰も知らないと思っていたのです）、ある酔っぱらったパーティの席で学生たちが語ってくれたことによると、彼らのあいだではローザ再来と言っているとか。とても若い人たちがです。たいへんな褒め言葉。きっとあなたもそう思うでしょう(1)。

もちろんブルーメンフェルトは大喜びで、「君がそのような学生たちに影響を与えられることとが嬉しい。ローザは君の真の従姉妹だ」[2]とすぐに返信した。その半年後の手紙では、「知的で人間的な唯一無比の女性」であるローザの書簡をまた再読して心揺さぶられたと書いて、「ローザ再来」とは「聡明で勘のいい学生たちだ」[3]とふり返っている。たしかに『全体主義の起原』の第二巻「帝国主義」には、ローザ・ルクセンブルクの『資本蓄積論』の影響が色濃いものの、アーレントが他の著作で明示的にルクセンブルクを論じたことはまだなかった。しかし、バークレーの授業では政治理論史の講義などのほかにゼミナールも行なっていて、あつかうテーマも多岐にわたっていた。学生たちは、アーレントの授業の内容や強調点からローザの思想を想起した。あるいはいかにもドイツ語的な彼女の英語から、「ローザ」を連想したのかもしれない。ゼミナールの関連資料を見ると、「十月革命からレーニンの死までの一党独裁の展開を見よう」とあり、次のような言葉が続いている。

重要なことはソヴィエトとボリシェヴィキの党の関係である。ソヴィエト、つまり評議会は、一八四八年以後のすべての革命、コミューンにおいて、自然発生的に湧き起こった。誰にもその準備はなかった。このことは、ソヴィエトと、ボリシェヴィキが招集して解体した憲法制定会議をめぐる闘争において、もっとも明らかに見られる。[4]

奇しくもブルーメンフェルトがアーレントとローザを「従姉妹」と呼んだ二カ月半後の一九五六年十月、ハンガリーで民衆蜂起が起こる。アーレントはこの事件に触発されて、「大陸の政党制度とは対照的な評議会制度への賛歌」[5]のつもりで、論文「ハンガリー革命と全体主義的帝国主義」を書いた。この論文について、彼女は一九五七年八月、ヤスパースに「ロシア問題でシンポジウムを企てているあるアメリカ雑誌のために、理論的な巻頭論文を書くところ」で、「何年も言うのを避けてきたことを表明できる」のが「ほんとうのところ、とてもうれしいのです」と伝えて[6]、実際に同年十一月にはヤスパースの元にその原稿を送っている。

彼女の論文は、一九五八年二月に *The Journal of Politics* に掲載され、一九五八年版の『全体主義の起原』英語第二版にエピローグとしてつけ加えられた。ドイツ語では、講演として一九五八年の初めにバイエルン・ラジオで三回に分けて放送されただけでなく、ピーパー社から六九頁の小さな一冊として出版されたのだった[7]。その際、シャルロッテ・ベラートが英語からドイツ語に訳し、それをアーレント自身が推敲し加筆した。

ウルズラ・ルッツによれば、アーレントは初め、これに「ローザ・ルクセンブルクの思い出に」という献辞をつけることを希望したが、出版社が異をとなえたようである。彼女はピーパーと担当編集顧問に宛てて、「気の毒なローザ！　まもなく死んで四〇年になるにもかかわらず、いまだに何も得られないのですね」、「献辞は公式化できません。ルクセンブルクは本当は社会主義者でも共産主義者でもなく、正義と自由と、新しい社会および国家形態の唯一の可能性としての革命のために闘った「だけ」だと、説明しなければならなくなりかねませんから」と抗議して、提案をとり下げている[8]。

彼女はおそらくバークレーでの学生との交流や、ドイツで講演したさいの若者たちからの拍手に手応えと響き合うものを感じてはいたが、当時のアデナウアー政権下、そして冷戦下のドイツでは、ローザ・ルクセンブルクの名誉回復はいまだ果たされておらず、その名前は忘却あるいは忌避されているような状況だったのである。

ハンガリー蜂起が始まったとき、たまたまアーレントは、バーゼルのヤスパース夫妻の家に滞在中だった。ヤスパースは、アーレントの論文を「洞察の光に富むあなたの以前からのテーゼを、強情にではなく真実性において堅持している」、「全体主義の秘密を悪魔の仕業」とみなさずに「合理的に把握可能なもの、事実であるものに即して論じ」、「あらゆることが起こりうる、突然の劇的崩壊すらありうる」とみなす「あなたの見方は説得力がある」と賞賛すると同時に、その日のことを思い出してこう書いている。

あなたは歓声をあげた。――ゲルトルートはこんなことが成功するはずがないと顔を曇らせた、そしてハンガリー人たちの苦しみばかりを見ていた。(一九四四年七月二〇日もそうでした、あのニュースを聞いた瞬間に、「成功しないのならこんなことをやってはいけないのに」と言ったのです。彼女はそのあとに来るもの――迫害と殺害――を考えたからです。）――そして私は、不可能だと思っていたことが起きたと呆然とし、でも成功するかもしれないと希望を抱きもした、しかしあなたたち二人のような「心の温かさ」はなしに――あなたたち二人のその心情はそれぞれ異なった方向をとってはいても、「相互補完的」でしたね。それとも私の記憶はまちがっているでしょうか(9)？

ちなみに、この手紙にでてくる「一九四四年七月二〇日」とは、ヒトラー暗殺未遂事件が起こった日である。フォン゠シュタウフェンベルク陸軍大佐らドイツ国防軍の軍人たちが、ヒトラー暗殺とクーデタを企てたが失敗し（失敗直後に反クーデタ派に転じた者たちもいた）、即決裁判で銃殺され、続いて反ナチ言動のあった軍人、政治家、経済人、文化人たち約六〇〇〇人が処刑された。

ハンガリーの蜂起にもどると、ヤスパースの証言では、全体主義体制下の抵抗運動に悲観的で、ハンガリーにおける蜂起後の悲惨な粛清を直感したヤスパース夫人と対照的に、アーレントはその場で「歓声をあげた」というのだ。ヤスパースの記憶はまちがっていない。ハンガリー革命が始まった一九五六年十月二三日は、彼女にとって「誰ももはや信じていなかったこと」が起こった日であった。彼女はその喜びを隠そうとはせず、翌日からのロシア軍の介入や弾圧の後になっても、その出来事の考察を続けた。論文「ハンガリー革命と全体主義的帝国主義」は、次のように始まる。

十二日間のハンガリー革命の炎が、第二次世界大戦が終わってから全体主義的独裁のうちの一つが支配していた巨大な空間を照らしてから、ほぼ二年が過ぎた。この出来事は、勝利か敗北かで測ることはできない。その偉大さは、そこで示された悲劇のなかでしっかりと守られている。すでにロシア人たちに占領されたブダペストの街路を黙々と歩く、黒衣の女性たちの行列を、私たちはいまだ目にする。彼女たちは偉大な公共の場で、革命の死者たちの葬儀に参列しているのだ。〔…〕自由の死の一周忌には、全人民が結束して完全に自然発生的に、すべての娯楽施設や劇場や映画館やカフェやレストランから遠ざかり、登校する子供たちに小さなロウソクをもたせ、子供たちは教室の机のインク壺にそれを差し込んだ。歴史というものから奪うことができない偉大さが、この革命の出来事にはあることが、示されたのである。歴史的な出来事を歴史にとどめるために欠かせない記憶と熟考の力を、私たちが奮いおこすことができるかどうかは、あとはただ私たちにかかっているだろう。(10)

ナチ支配とナチ支配の余波、スターリン支配とスターリン死後の東欧諸国を、アーレントはじっと観察していた。独裁者の死後も持続する全体主義的心性は、「見捨てられた状態のなかで、わきに離れていることや仲間にならないことに耐えられない現代人の密かな願望」や上昇志向に支えられていた。公的生活から支配と被支配の外部、命令と服従の外側が欠落する状況は、私的な人間関係にも決定的な影響を与える。アーレントは、ナチ時代に人びとが誰にも促されずに「均制化《グライッヒシャルトゥング》」を受けいれ、友人を平気で裏切るようになった事態を目の当たりにしてきた。体制のなかにあえて入り「そこから物事を改良するのだという高尚な政治的ふるまい」としての「戦略」によって、ナチ党やモスクワの傀儡党の党員となった人びとは、結局は「立派なスターリン主義者あるいはナチ」になった。(11)

閉塞的な政治状況と無気力な世論の長年のくりかえしを内側から「砕いて開けた」のが、ハンガリー革命であった。「その革命はまったく予期されずに起こった」とアーレントは強調する。「それは、準備されたものではなかったし、誰も準備していなかった——闘い苦しんだ人びとも、無力な怒りのなかで傍観しなければならなかった人びとも、さらには武装して彼らの弾圧に回った人びとも」。アーレントによれば、民衆が抵抗しうることを、共産主義者も反共産主義者もふくめて「もはや誰も信じていなかった」し、もっとも信じていなかったのは、

「自分たちの言葉のために他の人びとがどれほどの犠牲を払うことになるかを考えることも気にすることもなく、全体主義的テロルへの反逆という民衆の義務を声高らかに大声で語る」人びとだった。ハンガリーの革命評議会、学生や知識人の評議会、労働者の評議会の出現を目撃したアーレントが、まるで大衆の自発的革命と評議会の意義や、大衆のなかに権力と自由を留めておくことを強調したローザ・ルクセンブルクに、この出来事を伝えているかのようである。

もし、ローザ・ルクセンブルクの言う「自発的革命」のようなもの、自由のためだけの全人民のこの突然の蜂起が――自然発生的に、軍事的な敗北に動揺した混乱によって引き起こされるのでも、国家操縦技術によって導かれるのでも、職業的共謀者とプロの革命家の組織によるのでもなく、党の指導さえなしに、つまり保守やリベラル、革命派やラディカルの誰もが美しい夢としてとうの昔に捨て去ったものが――起こりえたのであれば、私たちは少なくともその目撃者となることができたのだ。[12]

「ハンガリー革命と全体主義的帝国主義」は、こうした前書きとなる部分と、「スターリン死後のロシア」「ハンガリー革命」「衛星国体制」の三章からなる。「ハンガリー革命」の章では、出来事の詳細が語られている。長年「嘘のもとに生きてきた」人びとが、「数千人の学生デモの周囲に、突然自発的に大規模に集まり」、ブダペストの広場にあるスターリン記念碑を撤去した。翌日数名の学生が自分たちの基本政策のうちの十六項目を放送させるためにラジオ局に行き、どこからともなくそこに集まった大勢の人びとを追い散らすために、放送局を警備していた政府の警察隊が発砲して革命がはじまった(13)。アーレントは、「イデオロギーの崩壊」を実現させたのは、「革命の現実そのもの」であり、マニフェストではなく民衆の共同行為だったと強調している。その共同行為はさまざまな評議会によって、指導者も支配も混乱もなく遂行されたのだ。彼女は、一八四八年からヨーロッパの歴史の舞台に断続的に現われた評議会《レーテ》、一八四八年の革命、一八七一年のパリ・コミューン、一九〇五年の第一次ロシア革命、一九一七年の十月革命、ドイツとオーストリアでの一九一八年と一九一九年の革命を列挙したうえで、次のように書いている。

> 世界史が世界法廷であると思う者たちにとっては、評議会制度はとうの昔に片づけられたものである。なぜならいつも打ち負かされてきたからだ。ただし、いわゆる反革命によってのみ常にそうされたのではけっしてない。ボリシェヴィキ政権はすでにレーニンのもとで評議会、すなわちロシア語ではソヴィエトを無力化し、その名を自分たちの反ソヴィエト的政権のために盗み取り、少なくともソヴィエトの大衆性を確保しようとした。ハンガ

リー革命の出来事を理解するためには私たちは実際に、シローネが一九五六年冬にその経緯についての素晴らしい記事で書いたように、「まず言葉をきれいにし」、「ソヴィエトがすでに一九二〇年にロシアから消えた」こと、ロシア軍がまさに「ソヴィエト」軍ではないこと、「現在［つまり二年前まで］世界で［存在した］唯一のソヴィエトは、ハンガリーの革命評議会」だったことを、理解しなければならない(14)。

アーレントは、全体主義の権力者がもっとも恐れるのはどこの国でも現われうる「民衆の権力の基本的な形態」であるというシローネ(15)の言葉を引用し、その「恐れ」はボリシェヴィキだけではなく「右から左までのすべての政党」がもっていると指摘する。ローザ・ルクセンブルクが闘った時代に「評議会制度を抹殺したのは、反動派ではなく社会民主主義だった」のであり、「彼らがそうしなくても、主導権を握っていたとしたら共産主義者がそれを行なっただろう」とアーレントは言う(16)。

ヤスパースは、先に引用したハンガリー蜂起当日の思い出と初読の感想を書いてから一カ月後、さらに「評議会」についてのアーレントの思い入れに対して次のような感想を書き送っている。

あなたの論文に示された多くの観察のうち、とりわけ一つ、私の念頭を離れないものがあります。あなたがこれまでの百年間のすべての革命に見られる「評議会」の登場について述べ、それらをひじょうに肯定的に評価しているところです。私にはまだドイツの評議会時代の記憶がある。おどろくべきは、その短い期間ずっと、まるでひとりでにそうなったかのように完全な秩序が保たれていたことでした。マックス・ウェーバーはハイデルベルクの労働者＝兵士評議会のメンバーでしたが、ある日、こう訊いたそうです。わたしは知りたいですね、ここでは本来だれが統治しているのだろうか?(17)

ヤスパースやヴェーバーの言葉は当時の評議会の様子を証言していて興味深い。続けてヤスパースは、「あれほど意気盛んで有能な活動ぶり」の評議会があったにもかかわらず、政府が成立するやいなや評議会の意味が失われたことについて、「評議会を廃止する悪平等的な大衆選挙が政府をつくりだすという道」をとらないとすれば、協同体国家《コルポラティズム》という結果にならざるをえないのではないか、とも問いかけている。そして、この概念はムッソリーニによる濫用にもかかわらず、「不思議な魔力」をもっているが、「評議会をひじょうに高く評価したときのあなたは、正確にはどういうふうに考えていたのですか?」と尋ねている。

ヤスパースの思考のベクトルと、シローネを引用しながら、あるいはローザ・ルクセンブルクを念頭におきながら、斃れた者たちや「盗まれた名」（ソヴィエト）について語るこの論文のベクトルとの間には、かなり違いがあるだろう。アーレントは書簡ではヤスパースの問いには答えていない。むしろアーレントは、一党独裁や全体主義の成立過程においては、人民の権力の源泉としての評議会を破壊することが独裁者の勝利の決定的な要素であったことを、新たな発見として強調しているように見える。ハンガリー革命の弾圧過程についての彼女の分析を書き留めておこう。

弾圧の最初の残虐な攻撃は革命評議会に向かったが、それらは階級や他の帰属とはかかわりなく人民全体を代表するものであっただけでなく、人民の行為の本来の機関でもあった。そのことによって、国民は無力状態に戻された。そしておそらく第二の措置は、妥協のない大変な激しさをもって、学生たちと知識人、そして思考と意見の自由を要求したすべての機関に向かった。労働者評議会の解体はそのあとのことだった。労働者評議会は、独裁にとって本来的な政治的団体というよりも国家と党によって統御された組合の後継とみなされたからだった。[18]

アーレントは、これらの弾圧の順位を「概念的で理論的な言葉」に翻訳して、全体的支配は

「行為の自由」を最も危険なもの、「思考の自由」よりも「わずかばかり」危険なものとみなしていた、と書いている。あらゆる「利益の代表」には「行為の要素」が明らかにふくまれるが、それを抑圧することはさしせまったこととしては見なされなかった。労働と消費にかかわる「経済の領域」は政治において優先的に容認される。全体的支配がその実践において示したのは、「資本主義経済と社会主義経済との違いは、自由な世界との抗争点ではないだけでなく、それどころか少なくとも暫定的な譲歩が可能である唯一の領域である」という了解だった。[19]

一九六六年、この年のアーレントにとって嬉しい出来事は、「史料編修の最も賞賛に価する「ジャンル」としての伝記の伝統があるイギリスで、J・P・ネトルによる二巻本のローザ・ルクセンブルクの伝記が公刊されたことだった。[20] 当時知られていなかった情報がぎっしりと詰まった綿密で浩瀚な書物である。アーレントはその本について簡潔で密度の濃い書評を書いている。[21] いまあらためてそれを読むと、彼女はこのときやっとローザ・ルクセンブルクを追悼することができたのだろうと感じられる。「偉大な政治家や世界的な人物にのみ適しているように見えるジャンルの主題」として、「成功」とは無縁で、公的に承認されることもなかったローザ・ルクセンブルクが選ばれた。「彼女の人生と仕事のプリズムを通して見ると、歴史は異なって見えるだろうか？」とアーレントは問いかける。[22] 本章の最後に、ローザの人生と仕事を通してアーレントが見た「歴史」の一端にふれておきたい。

アーレントは、一九一九年一月十五日について、「スパルタクス団の二人の指導者でありドイツ共産党の先駆者であったローザ・ルクセンブルクとカール・リープクネヒトが、ベルリンにおいて殺害された——当時権力の座にあった社会主義政権の目の前で、おそらくはその黙認を得て」と書き記している。殺害者は、のちにヒトラーの突撃隊につながる「超国家主義的で公的には非合法の義勇軍《フライコール》」の一員であった。この義勇軍は、社会民主党の国防問題の専門家として当時軍事問題を担当していたノスケの「全面的な支持」を得ていた。アーレントは次のように続けているのだが、彼女の詳細な書きこみを読みのがしてはならないと思う。

そのことは、暗殺に加担した者のうちで最後にまだ存命であったパプスト大尉によって、最近認められたばかりである。ボン政府は——他の問題と同様この点でもワイマール共和国の不吉な特徴を蘇らせようとやっきになっているにすぎないが——第一次世界大戦後にモスクワがドイツ全土を赤の帝国に組み入れることに失敗したのは義勇軍《フライコール》のお陰であり、リープクネヒトとルクセンブルクの殺害はまったく合法的な「戒厳令に伴う処刑」であったと公表している。これは、実のところワイマール共和国がかつて取りつくろっていた以上にいかがわしい主張である。というのも、ワイマール共和国は、義勇軍が実際に政府軍であったことを一度も公的に認めなかったし、殺人者たちを「処罰した」からである。兵士ルンゲには「殺人未遂」に対して（かれはエデン・ホテルの廊下でローザ・ルクセンブルクの頭部を強打した）二年二週間、そしてフォーゲル中尉には「死体発見を報告せずに、それを不法に処理した」廉により（彼は、車のなかで彼女が頭部を撃たれてラントヴェーア運河に投げこまれたとき任務についていた将校だった）四カ月という量刑によってである。(23)

リープクネヒトとルクセンブルクの殺害を合法的だったとするボン政府の見解は、一九六二年二月に「連邦政府出版・情報局公報」（*Bulletin des Presse-und Informationsamtes der Bundesregierung*）で表明されたものである。同年、パプストは、『シュピーゲル』誌一九六二年四月十八日号のインタヴューで「あなたはローザ・ルクセンブルクとカール・リープクネヒトを殺害させましたね」と問われて、「処刑させた」と答えている。一九六〇年代前半とはこのような時代であったかとあらためて暗澹たる気持ちになる。アーレントは当時の西ドイツの見解を提示しながら、ワイマール共和国が下した判決の刑罰の軽さ（二年二週間や四カ月）を指摘している。裁判中に見られた被告の態度は、一九六三年から一九六五年にフランクフルトで行なわれたアウシュヴィッツ裁判における被告たちの態度と似たものであった。彼らは証拠写真に笑い興じて、「真面目にふるまいなさい。これは笑う事柄ではない」と裁判長に注意されていたのである。

アーレントは歴史の暗部の現実を照らしだしている。彼女が「ローザの従姉妹」と呼ばれたエピソードはそうした時代のものでもあったのだ。

もう一つ、注目しておきたいことがある。家族や同輩集団とローザ・ルクセンブルクの関係についてアーレントが触れている箇所である。「家族、つまり両親、兄たち、妹、姪は、誰ひとりとして社会主義的信念や革命的活動に少しも賛同していなかったが、彼女が警察に対して身を隠さなければならなかったときや獄中にあったときは、なしうるかぎりのことを彼女のために行なった」という。[24] アーレントはこうした「独特なユダヤ人家族の背景」を抜きにしてローザ・ルクセンブルクの仲間集団の倫理基準は理解できないと述べる。ローザの仲間集団は「つねにお互いを同等者として」あつかった。その背景には、「子供のころの世界での基本的に無邪気な体験」、そこで経験された「お互いに対する敬意」「無条件の信頼」「社会的・人種的差別に対する純粋でほとんど素朴ともいえる軽蔑の念」があった。アーレントは、彼ら、彼女たちの「まっとうな道徳性」は「稀有な自信」ともなる一方で、「傲慢な自負心」として嫌悪される原因ともなったと言う。アーレントはそうした生き方をローザ・ルクセンブルクの生まれ育った歴史的文脈に位置づけているが、わたしはそれをむしろ、いざというときに民衆の「評議会」を可能とするような、支配関係の外部の人間の交わりのあり方として読んでおきたい。

第十一章　秩序の感覚

自分の存在を確かめるように
小さな点が移動し、
点綴しあいながら
もう一つちがう世界をつくろうとする。
『菅原克己詩集　一つの机』より

命令への服従でも規律の遵守でもなく、人びととの自由な語りあいや活動のなかで、共に何かを行ないながら「秩序」を生みだしているという感覚を、私たちは二一世紀の今、どこまで活き活きと想像することができるだろうか。あるいは、自由を守るために闘う人びとの自発的抵抗運動を目撃する機会がもしあったとして、そこに生みだされている「秩序」を感じとる魂の器官を、少しでも働かせることができるだろうか。本書の最後に、そのことについて考えてみたい。

私たちの生を、またその生の一部である政治的なものを脅かす事態について、アーレントの『思索日記』や書簡などに浮かびあがる気がかりな言葉を手がかりにして、行きつ戻りつしながら考えてきた。「生きた屍」「難民であること」「人と人のあいだに生きること」「共に何かを行なうこと」といった言葉は、過去の悲惨や喪失についてだけではなく、異質な他の人びとと生きる場に秩序が生まれてくるということについても、考えを促すのではないだろうか。「秩序」という言葉は、普通はいかにも行動を制限する垂直の構造を指しているように響く。「秩序」という言葉を支配者たちの道具箱からとり戻して、手元に引きよせることは可能だろうか。そうした問いは意味のあることだろうか。そう問わざるをえない。少なくとも、ここでいう「秩序」とはただ単に安定を求める志向のことではない。

アーレントは、政治や革命の歴史のなかで民衆が断続的に生みだしてきた自発的組織、アメリカ建国時の「小共和国」やパリ・コミューンとならぶ組織形態としての評議会、すなわちロシア語のソヴィエトについて明確に発言している。彼女は、それが「活動の機関」であると同時に「秩序の機関」(organs of order) であると述べている。(1) 一人一人が「はじまり」である人間は、言葉と行為によって分離も結合も可能な「あいだ」の空間をつくりだすことができる。そうした「あいだ」の空間が、活動の空間であると同時に、それ自身の秩序を生みだすということを、これまでの章で確認してきた。アーレントはそのことを、歴史のなかに一時的にせよ実在した一つの組織形態に則して考えてもいたのである。

たとえば一九六七年四月のことだ。彼女は、ハーヴァード大学で開催された「ロシア革命にかんするたいへんおもしろい歴史家の会議」に参加したと、ヤスパースに手紙で報告している。たしかに「ロシア語ができない」ことなどを考えれば、そこでは「ただ一人の門外漢」だったという彼女の述懐には間違いはないが、それにもかかわらずその手紙の語調からは、不思議な充実感が伝わってくる。[2] 当該の会議の参加者はジョージ・ケナン、E・H・カー、アイザー・バーリン、マルク・フェロー、リチャード・パイプス、アダム・ウラム、オスカー・アンヴァイラーなど、当時の政治的論壇の錚々たる顔ぶれが名をつらねていた。そして、その会議の成果は、独立した論集として公刊された。この会議でのアーレントの役割は、歴史家アダム・ウラムの報告に対してコメンテーターを務めることだった。[3] 彼女はそこでいくつかの論点を出したが、そのなかのもっとも重要なものが、ソヴィエト、つまり労働者・兵士・農民たちによる評議会というあり方の可能性と現実について、独自の視点で切りこむことだった。

ウラムは、ロシア革命のなかでソヴィエトという言葉が、非常に短期間のうちにほぼ意味のないものになったと指摘していた。これに対してアーレントは、その認識自体は正しいが、レーニンがそれを無意味なものにするまでは、ソヴィエトは間違いなく非常に重要な役割を果たしていたのだと補足している。彼女のソヴィエトという組織形態に関する議論はとても細心であった。「すべての権力をソヴィエトへ」と主張したのはレーニンであり、革命の初期には憲法制定会議は国のいたるところからのソヴィエト決議に支えられていた。ところが、他ならぬその憲法制定会議を解散させたのも、ソヴィエト自体を骨抜きにしたのも、さらに十月革命の公約を本当に実現するように要求したクロンシュタットの水兵たちの叛乱を粉砕したのもまた、その同じレーニンだった。アーレントの言葉を見よう。

こうした決定で優勢であったのは、まさしくレーニンのなかのマルクス主義でした。というのも、ほんとうのソヴィエト共和国がどのようなものでありえたにせよ、それはまちがいなくプロレタリアート独裁のようなものではなかっただろうということです。もっと言いますと、レーニンは最初から両頭政治状況という問題に悩まされてきたことが、私たちには分かっています。この点についてレーニンは、マルクスの弟子たちがもつだけでなく、ヨーロッパ大陸のあらゆる政治理論家や政治家がもっている先入見を共有していました。こうした理論家や政治家たちは、右翼から左翼にいたるまで、権力は不可分であるとみなしていました。つまり、権力は中央集権化されなければならない、権力の分離や分割は権力を弱体化させると考えていたのです。こうした通例の唯一の例外は、私たちが分かっているかぎりでは、モンテスキューでした。モンテスキューはアメリカ革命の人びとには影響を与えましたが、ヨーロッパの政治家や革命家に対してはそうなりませんでした。諸ソヴィエトのなかにあった一定のアナキズム的な傾向を否定することなく、わたしがもう一度強調したいのは、ソヴィエトは活動の機関というよりもむしろ秩序の機関であったということなのです。(4)

ソヴィエトは、農民や労働者や兵士たちの水平的な構造のなかから、それ自身の秩序・配列を生みだしていた。各所で発生したこれらの評議会が、権力を生みだし革命につながった。重要な点は、その自発性において、それが人びとのあいだで秩序として立ち上がるということだった。おのずからつくりだされた秩序である。しかし、革命はそれをめぐるさまざまな争いや陰謀の過程において停滞し逆転する。それはいつの時点において起きるのか。アーレントは、自発的な組織を粉砕し、権力を中央集権化したことが、ロシア革命の「後戻りのきかない地点」であったと断言した。まさにソヴィエトがその本来の可能性を破壊されたときである。そして重要なことは、そこにはヨーロッパの政治観における長い「先入見」が作用していたとアーレントが指摘している点である。問題であったのは、権力の分割が権力を弱体化させるという発想であった。政治理論家や政治家たちは「権力は不可分である」と見なしていた。これによって、地べたの抵抗から人びとのあいだに生まれてきた複数化する可能性のある権力や秩序は、短期間に押しつぶされたのである。

細かいことだが、アーレントがこのロシア革命に関する会議に参加することになった実際のきっかけは、おそらくはドイツの歴史家であり教育学者であるオスカー・アンヴァイラーのアレンジがあったためだろうとわたしは推測している。というのも、『革命について』(英語一九六三年、ドイツ語一九六六年)の最終章「革命的伝統とその失われた宝」のなかで、アーレントはアンヴァイラーの著書『ロシアの評議会運動　一九〇五－一九二一年』[5]を重要なよりどころとしながら、コミューンや評議会について論じたことがあったからである。[6]『革命について』を読んだアンヴァイラーは、一九六四年にピーパー出版社経由でアーレントに手紙を届けていた。その手紙のなかで、彼は好意的な言及をめぐって謝辞に当たる挨拶を述べ、さらにこのテーマや「全体主義的教育」について論じた自身の論文を送っていた。[7]それに対してアーレントもまた心を込めた感謝の言葉を添えて、「評議会の問題に関して、わたしがあなたのお仕事にどれほど多くを負うているかご存知でしょう」と返信している。[8]このやりとりが、この時期のアーレントと評議会という主題をつなぐ事情の一つを明らかにしていると思う。

アーレントが依拠したというこのアンヴァイラーの議論を確認しておこう。彼は、「ロシア評議会の先駆的な現象」ではあるが「ソヴィエトの成立とはまったく直接的な関係にない」もののうちで、「一八七一年のパリ・コミューンとカール・マルクスによるその解釈は特別な位置を占める」と書いていた。それらは、ロシアの評議会＝ソヴィエトの成立や初期におけるその有効性にはじつは影響を与えていないが、ボリシェヴィキが掲げるその後の評議会理論では基礎を作ったことになっている。つまり、アンヴァイラーは一方でのコミューンや評議会の歴史的現象と、他方でのイデオロギーによるその横領という二重の展開がそこにあったと指摘していたのである。アーレントもその理解を踏襲しているように見える。アンヴァイラーが強調するところでは、パリ・コミューンという出来事と現実のソヴィエトの成立とのあいだには関係がない。他方で、「マルクスによって素描された、事実とは部分的にしか一致しないコミューン像は、歴史に影響を与えた。それは、レーニンがロシアのソヴィエトを、マルクス主義的な革命および国家の理論に組み込もうとしたときに歩いた橋であった」という。(9)

フランス革命以来、複数の蜂起と蹉跌のなかに一瞬出現した民衆の自発的組織、つまりパリ・コミューン、評議会、ソヴィエトという現象のあいだには影響関係はない。しかし、民衆のあいだで予期せざるかたちで生まれたそれらの行為と秩序に対して、それを弾圧・横領する発想や技法のほうは繋がっている。こちらのほうはマルクスとレーニンという「十九世紀と二〇世紀の二大革命家」を通して、革命の歴史に影響を与えたというわけである。アーレントは、こうしたアンヴァイラーの説明に依拠しつつ『革命について』のなかで次のように書いている。

マルクスはしばらくのあいだ、自分が予期していなかったもののたんなる目撃者にすぎなかったが、一八七一年のパリ・コミューンのコミューン制度（Kommunalverfassung）は、「最小の村落のばあいでもその政治形態」になると考えられたから、「労働の経済的解放のための、ついに発見された政治形態」になるかもしれないと理解した。しかしまもなく彼は、この政治形態が、社会主義者や共産党による「プロレタリアート独裁」の観念とはなはだしく矛盾することに気がついた。というのも、共産党の権力独占と暴力独占は国民国家の高度に中央集権化された政府をモデルにしていたからである。そこで彼は、結局、コミューン評議会は革命の一時的機関にすぎないという結論をくだした。一世代のちにレーニンに見られるのも、これとほとんど同じ態度の変化であった。(10)

アーレントによれば、マルクスもレーニンも、「自分たちの思想と行為を、新しい予期しなかった出来事に調和させるか、それとも極端な暴政と抑圧にむかうか、この二者択一の前に立たされたとき」に、「躊躇することなく後者を決意した」のである。(11)民衆の予期せざる自発的な組織化によって勃発した革命の始まりにおいて、職業革命家の果たす役割はほとんどなかった。だがその後、時間をかけて革命がたどる長い現実の過程において彼らがおよぼすことになった影響は大きい。

そして彼らは、その見習時代を過去の革命の学校で送ってきたので、どうしてもその影響力は、新しく予期せぬものにたいしては好意的に作用せず、依然として過去と一致しているような活動に有利に働きやすい。[12]

このような出来事と知識の分離によって、革命において発生した自発的な行為の経験、アーレントによれば「宝」とでも言うべきものは、革命のプロセスとそこに作り出された正統性の言説のなかで失われていった。アーレントは『革命について』のなかのこのくだりで、敗北した、相互に連続性をもたない活動と秩序という出来事の実例を書きとめている。[13] それは、たとえばフランスでは、一八七〇年にプロシア軍に包囲されたパリの民衆が自発的に自らを再組織し、一八七一年にパリ・コミューンを形成したことである。当のロシアでも、すでに一九〇五年には自発的なストライキが発展し、労働者たちは評議会、ソヴィエトを組織した。一九一七年の二月革命時においても、労働者にはさまざまな政治的傾向があったが、ソヴィエトそのものについては「当然すぎて議論の対象でさえなかった」。あるいはドイツでは、一九一八年と一九年に兵士と労働者が反乱を起こし、それはやはり労働者兵士評議会を構成することになった。さらに下ってハンガリーでは、一九五六年にブダペストに始まった評議会制が全国に広がっていったし、前章で紹介したように、ヤスパース家にたまたま逗留中だったアーレントは、その報せに飛びあがって喜んだ。これらの「新しい秩序」への志向はどれも、極めて似かよった空間を一時的に、だが自発的に開いた。そしてそれはつねに弾圧され、かき消され、歴史として最後には横領された。

アーレントが見ていたこの自発的に生まれた新しい秩序とはなんだろうか。彼女が政治について思考するとき使用する語彙はつねに「西洋起源」であり、列挙される事例もヨーロッパにかぎられているではないか、という批判がある。この「新しい秩序」はただ西洋起源の狭い範囲のエピソードなのだろうか。確かに彼女がここで挙げている例はどれもヨーロッパのそれだ。しかし、断続的に歴史に浮かびあがるこれらの自発的組織について、本来的に西洋起源であるとか、そうでなくてはならないなどとは彼女はけっして言っていない。ただし、少なくともその自発性を退ける伝統のほうは、つまり抑圧者たちの伝統は、まちがいなく西洋の政治思想のなかにあった。「理論家や政治家たちは、右翼から左翼に至るまで、権力は不可分であると見なして」いたからである。それは権力を分割してはならないという強迫観念であった。

アーレントが『革命について』のなかで「失われた宝」として見たものは、まったく別の文脈でアナキストの人類学者デヴィッド・グレーバーが現代の民主主義の実践について考察している。グレーバーが民主主義の「非西洋起源」を照らし出そうとする議論は、アーレントが「宝」だとしていたものに、核心において呼応している。アーレントが水平性のなかで生まれるものを「秩序」と呼ぶとき、そこで問われているものをイメージするにあたって、わたしはそのもっとも小さな形態として、本章の冒頭で引いた菅原克己の言葉、「自分の存在を確かめるように　小さな点が移動し、　点綴しあいながら　もう一つちがう世界をつくろうとする」[14]を連想する。

現代のオルタナティヴ・グローバリゼーション運動の内在的な論理を明らかにするグレーバーは、チアパスのサパティスタ・コミュニティ、アルゼンチンのピケテロス運動、オランダの家屋占拠、南アの黒人居住区の立ち退き反対運動を挙げて、それらに通底する共通点を述べている。その参加者のほとんど誰もが、「垂直構造ではなく水平構造の重要性。発議は相対的に小規模で、自己組織化を行う自律的な諸集団から上がってくるべきものであって、指揮系統を通しての上意下達をよしとしないという発想」を共有しているからである。[15]グレーバーは、「革命とは国家の強制的装置を奪い取ることだと考えるのをやめて、自律的コミュニティの自己組織化を通して民主主義を基礎づけなおそう」というサパティスタの提案を何よりも強く肯定している。「世に知られることもなく終わったかもしれないメキシコ南部での蜂起」は、実際に、地球上の多くの闘いの現場に同時代的な連鎖反応をひきおこした。

こうして、民主主義は今、それが当初生まれた場所に帰りつつあるように見える。つまり、あいだの空間に。[16]

このグレーバーの言葉のなかにも、本書で見てきた「あいだ」という政治的なものの固有の位相を確認することができると思う。もう一つ、「あいだ」と「秩序」ということに関して、アーレントは一九七〇年にアーデルベルト・ライフによるインタヴューを受けたときにも、評議会という組織形態において立ち上がる声について次のように語っている。

政党からみれば、われわれの大半は操作の対象である有権者でしかない。しかし、たった一〇人でもテーブルの回りに腰掛けて、めいめい自分の意見を表明し、他人の意見を聞くならば、そうした意見の交換を通じて理性的な意見の形成がなされうる。[17]

民主主義からすれば「理性的な意見の形成」は好ましいことであるはずだが、そうした場面は、民主主義の側を代表すると称する政治家やリーダーにいつも好都合なものになるとはかぎらない。形成された意見によって、人びとは政府への支持や選挙で選んだ公職者への同意を撤回するかもしれないからである。まさに「熟議型民主主義」(deliberative democracy) とはそういう可能性につねに開かれているものであるはずだ。そのとき、信頼を失った政治家やリーダーは、その「体制」を維持するために「支配者として行為し、強制力に訴えはじめる」。アーレントによれば、まさしく「ここが変わり目」である。[18]

さまざまなアソシエーションの秩序感覚が、国家や政府や政党、あるいはリーダーのそれと衝突するとき、自発的なものの抑圧が始まる。無限定な自由が存在することの危険性が語られ始め、組織化の自由、結社の自由までが脅かされる。そんなときには、市民的権利、言論の自由や結社の自由を保障する憲法の有無が決定的になる、と彼女は言う。

この点にかんして、アーレントの伝記作者ヤング=ブルーエルが書き残している数多くのエピソードの一つとして、一九七〇年のこんな話がある。[19] 少し長くなるが紹介しておこう。当時、つまりまだ青年たちのプロテストが強い力をもっていた時期に、ヴェトナム戦争に抗議する人びとやその人びとが開く集会の盛り上がりに対して、副大統領スピロ・アグニューを中心とする「法と秩序」の勢力は、それらを抑え込むための攻撃を展開していた。この権力者による反撃によって、言論の自由さえぐらつき始めたと感じられていた。状況に対する危機感に突き動かされて、あるところで「憲法修正第一条と対決の政治」と題された討論会が企画された。合衆国憲法修正第一条は、言論・出版の自由や集会・請願の権利を犯すような法律の制定を禁じている。この討論会には、一九六九年十一月十五日にワシントンで行なわれた「死に抗議する行進」を指導したロン・ヤングも参加していた。その時のことだ。平和行進を可能にしたのは憲法ではなく、集会の権利を主張する人びとだというロン・ヤングの主張に対してアーレントは、ユーモアをまじえて次のように語ったという。

あなたはまったく正しい。それに力を与える人民がいなければ、設立されたもの全体が崩れ去ります。しかし、憲法の修正第一条がなければ、政府はそうした〔平和行進のような〕活動全部を単純に禁止するのがきわめて容易だと考えるでしょう。憲法上のわずか数行が、私たち〔の民主政体〕と暴政のあいだにしっかりと立ちはだかっているのです。〔…〕心配なのは、どれほどしっかりと修正第一条にしがみつかねばならないかを、あなたが本当に分かっていないことなのです。そして、それを政府と人民に何度も何度も示さなければならないということを。オオカミが来ると何度も叫びすぎたから本当にやって来たとき分からない、なんてことがありえますか?(20)

この発言に「聴衆は笑ったが」、ヤングは反発する。しかし、それに対してアーレントは、

「闘争を実行するあなたの権利は」修正第一条がなければ「政府の善意に頼らなければならないことになる」と応じている。二人の主張の違いには注目しておきたい。何よりもまず、亡命と難民生活という法の外部を経験するとともに、全体主義の無法がもたらした暴力やその特性を考察してきたアーレントにとっては、法の「垣根」は観念的なものではなく、生死にかかわる現実だった。しかしそれにとどまらないことがあると思う。運動の流れのなかでの民衆のパワーを掲げるヤングに対して、それだけでなく、民衆あるいは人びとそのものとは同じではない世界、そのあいだの空間を冷静に評価するアーレントがいる。

この時期のアーレントは、やみくもに暴力的である抗議運動には批判的であったが、公民権運動や反戦運動と響きあう学生の自発的な運動には賛同し、学生たちと進んで語りあっていた。学生運動とアーレントのかかわりやその姿は、ヤング＝ブルーエルによる伝記によっても鮮やかに描かれており、それが前述したライフとのインタヴューの中心的な話題となっている。このインタヴューには、アーレントの当時のふるまい方をうかがわせるもう一つの発言がある。

インタヴューのなかで学生運動の話から新左翼のことに話題が転じたときだ。ライフは「人類の歴史的発展」段階における未来の選択肢として、資本主義か社会主義か、それともさらに別の選択肢がありうるか、と問いかけた。即座にアーレントは「大げさな話はやめましょう」ときっぱり拒絶して、「恐るべき徴用過程のおかげで成立した」資本主義経済システムの歩みに触れたあとで、ロシアでは「この徴用過程がさらに歩みを進め」ていると診断している。この「徴用」という表現はにわかには理解しにくいが、いわばシステムへの動員であり、または個人がその部品として一元化することを指していると読んでみたらどうだろう。そしてここでも法制度、政治制度のことが出てくる。彼女は次のように続けている。[21]

ロシアにあるのは、いうまでもなく社会主義ではなく、国家社会主義〔state socialism〕であって、それは国家資本主義〔state capitalism〕というものがもしあるとすればそれと同じものです。つまり、全人民の徴用です。この全体徴用は、私的所有権の政治的・法律的な安全装置がすべて消滅したときに生じてきます。〔…〕われわれのあらゆる経験――理論やイデオロギーとは区別された経験ですが――は、資本主義の勃興とともに始まった徴用の過程が、生産手段の徴用でもって終わるのではないことを教えてくれます。この過程にほんらい的に含まれている怪物的な潜勢力を統御し抑制できるのは、経済的強制力とその自動作用から独立した法律的・政治的制度だけです。[22]

アーレントは、「資本主義」諸国で人びとを守っているのは資本主義ではなくて法体系であり、政府の権力と経済的権力の分離が消滅するときには全領域の収奪が始まると強調しているのである。そうした意味でも、「資本主義か社会主義かという二者択一は誤り」であり、両者は「違う帽子を被った双子」のようなものだという。「被抑圧者側」から見れば、どちらのシステムも、彼らを保護する生の秩序を打ち壊してしまう。資本主義は「身分制度、同職組合、ギルド、封建社会」といったあらゆる集合的な集団を「粉砕し」て搾取者と被搾取者をつくり、かたや社会主義や共産主義は「労働者階級の制度である労働組合や労働者政党、労働者階級の権利——団体交渉権、ストライキ権、失業保険、社会保障」を破壊している。(23) アーレントは、経済体制の違いではなく、「自分の思うことを話し、書き、出版する自由をもつための条件」としての「自由、市民的権利、法的な保障」があるか否かが、「だれにとっても暴力的なまでの違いになる」と強調したのだった。

法律一般や制度全般がこのように尊重されることを見て、凡庸な結末と失望される方がいるかもしれない。しかし、法や制度の安定性と、本章でふれてきた秩序の感覚とは同じものではない。法や制度が屈辱的なものであるときには、私たちはそれに異議を唱えることができる。異議を唱えることができる世界を失ってはならない。そのための法であり制度である。戦争や抑圧に満ちたこの世界において、法や制度全般の安定性自体も、たんなる装いにまで堕していることが多い。地球上のいたるところで厚顔なプロセスが横行している。そして安定志向と自己欺瞞のなかで、共生の地盤はますます掘り崩されつつある。無力にならないために、そして、わずかばかりの人間の尊厳を確保するために、人びとのあいだにとどまり、地べたから生まれる秩序の感覚を忘れないでいたい。

アーレントは、根の喪失という現代の人間の条件や、そのなかで思考する人が立つための、言葉と行為による紐帯、水平的な信頼関係、人と人のあいだで生きることの意味について考え続けた。彼女が開こうとしている人と人のあいだにある空間は、現代世界で逆巻く潮流からすれば、極めて非力なものに見える。しかし、強力なアイデンティティへと飛びつくことや、目の覚めるような代替案をもたらしてくれる答えへの渇望自体が、私たちをさらに救いがたいところにまで、追いつめることになる。複数性という基本的な条件から出発する、非力に見える地点から、アーレントが示唆する秩序の感覚は始まるのである。人が一人ではないところ、複数で存在するところでは、どこにでも出現しうるこの場所で秩序の感覚を養うこと、人と人のあいだで人間であることを学ぶことは、まだ私たちにもできるのではないか。そのように生きることができる、とアーレントから読むことができるのではないだろうか。

註

第一章　生きた屍

（1）Hannah Arendt, *Denktagebuch 1950 bis 1973 Erster Band*, herausgegeben von Ursula Ludz und Ingeborg Nordmann, Piper, 2002, S. 11.（ハンナ・アーレント『思索日記』Ⅰ・Ⅱ、ウルズラ・ルッツ／インゲボルク・ノルトマン編、青木隆嘉訳、法政大学出版局、二〇〇六年）。『思索日記』は一九五〇年から一九七三年までのアーレントの手書きのノートである。まとまった読書ノート的な部分もあれば、この箇所のような断片も多い。『全体主義の起原』の英語版初版は、ノート開始の前年に仕上げられた。

（2）アーレント『［新版］全体主義の起原 3——全体主義』大久保和郎・大島かおり訳、みすず書房、二〇一七年、二五六頁。

（3）ジョルジョ・アガンベン『アウシュヴィッツの残りのもの——アルシーヴと証人』上村忠男・廣石正和訳、月曜社、二〇〇一年、七〇頁。プリーモ・レーヴィ『改訂完全版　アウシュヴィッツは終わらない　これが人間か』竹山博英訳、朝日新聞出版、二〇一七年、一一三頁。「すでに体はだめになり、何をもってしても選別や衰弱死から救い出せなくなっている。彼らの生は短いが、その数は限りない。彼らこそが溺れるもの、回教徒《ムーゼルマン》であり、収容所の中核だ。名もない、非人間のかたまりで、次々に更新されるが、中身はいつも同じで、ただ黙々と行進し、働く。心の中の聖なる閃きはもう消えていて、本当に苦しむには心がからっぽすぎる。彼らを生者と呼ぶのはためらわれる。彼らの死を死というのもためらわれる。」

（4）アーレント、前掲、二四二頁。

（5）同、二四三頁。

（6）アーレント「ナチ支配の余波——ドイツからの報告」山田正行訳、『アーレント政治思想集成 2——理解と政治』齋藤純一・山田正行・矢野久美子訳、みすず書房、二〇〇二年。このときのアーレントのヨーロッパ再訪は、ユダヤ文化再建機構の委託で、彼女は戦時中に失われたユダヤ文化財や書物の救済のために東奔西走しながら旧友との再会も果たした。再訪については記事を書くことが予定されていたようで、アーレントは各地で新聞の論調や社会を観察していた。「ナチ（いわゆるシンパ）が古い地位に復帰」している時期だった。東西ドイツは一九四九年に成立した。

（7）同、四七-四八頁。

（8）同、四九頁。

（9）同、五一-五二頁。

（10）同、五五頁。

（11）同、五五頁。

（12）同、五七頁。

（13）同、五七頁。

（14）ジンメル『社会学——社会化の諸形式についての研究』上、居安正訳、白水社、一九九四年、二六七頁。

（15）アーレント、前掲、五七頁。

（16）T・ガートン・アッシュ『ファイル——秘密警察《シュタージ》とぼくの同時代史』今枝麻子訳、みすず書房、二〇〇二年、九六頁。

（17）同、二八二-二八三頁。

(18) ジャン＝ポール・サルトル『存在と無――現象学的存在論の試みⅠ』松浪信三郎訳、ちくま学芸文庫、二〇〇七年、一七五頁。
(19) T・ガートン・アッシュ、前掲、五六頁。
(20) 同、五七頁。
(21) ジョージ・スタイナー『青髭の城にて――文化の再定義への覚書』桂田重利訳、みすず書房、一九七三年、五二頁。

第二章　難民について

(1) マンハイム『イデオロギーとユートピア』高橋徹・徳永恂訳、中央公論新社、二〇〇六年、七七頁。
(2) ハンナ・アーレント「ナチ支配の余波」前掲、七三頁。
(3) Arendt, *Denktagebuch*, op. cit., S. 39.
(4) アーレント「だれもいない国からの客」拙訳、『反ユダヤ主義――ユダヤ論集1』J・コーン／R・H・フェルドマン編、山田正行・大島かおり・佐藤紀子・矢野久美子訳、みすず書房、二〇一三年、三〇六-三〇七頁。
(5) 未完成の論文「反ユダヤ主義」大島かおり訳、同、六三-一七六頁。論集の編者ジェローム・コーンによれば、アーレントがギュルスの敵国人収容所に抑留され、論文執筆は中断された。「まえがき――あるユダヤ人の生涯　一九〇六-一九七五年」山田正行訳、同、一五頁。
(6) 一九四〇年夏に「マイノリティ問題によせて」と題した文章を友人のエーリヒ・コーン＝バンディに送っている。拙訳、同、一七九-一九〇頁。
(7) C. A. Macartney, *National States and National Minorities*, Oxford University Press, London, 1934, p. 276-

277.『全体主義の起原』でアーレントは同書から複数の論点を参照している。
(8) アーレント「マイノリティ問題によせて」前掲、一八二頁。
(9) アーレント「能動的忍耐」拙訳、同、二〇一頁。
(10) 同、二〇二頁。
(11) アーレント「われら難民」齋藤純一訳、『アイヒマン論争——ユダヤ論集2』J・コーン/R・H・フェルドマン編、山田正行・大島かおり・佐藤紀子・矢野久美子訳、みすず書房、二〇一三年、三六-五二頁。
(12) 同、五〇頁。
(13) アーレント「国民国家の没落と人権の終焉」『[新版] 全体主義の起原2——帝国主義』大島通義・大島かおり訳、みすず書房、二〇一七年、二六七-三二八頁。
(14) 同、三〇七頁。
(15) ジョルジョ・アガンベン『ホモ・サケル——主権権力と剝き出しの生』高桑和巳訳、上村忠男解題、以文社、二〇〇三年、一八二頁、一八四-一八五頁。
(16) アーレント「エリック・フェーゲリンへの返答」山田正行訳、『アーレント政治思想集成2』前掲、二四五頁。
(17) 同、二四八頁。
(18) アーレント『[新版] 全体主義の起原2——帝国主義』前掲、二七二頁。
(19) 同。
(20) 同、二八二-二八三頁。
(21) 同、三〇二頁。
(22) 同、三一五頁。
(23) 同、三一六頁。

第三章　世界喪失に抗って

（1） Hannah Arendt / Kurt Blumenfeld, *»... in keinem Besitz verwurzelt«, Die Korrespondenz*, herausgegeben von Ingeborg Nordmann und Iris Pilling, Rotbuch Verlag, 1995, S. 23.

（2） ロッテ・ケーラー編『アーレント＝ブリュッヒャー往復書簡　1936–1968』大島かおり・初見基訳、みすず書房、二〇一四年、一七五頁。

（3） Arendt, *Wie ich einmal ohne Dich leben soll, mag ich mir nicht vorstellen – Briefwechsel mit den Freundinnen Charlotte Beradt, Rose Feitelson, Hilde Fränkel, Anne Weil und Helen Wolff*, herausgegeben von Ingeborg Nordmann und Ursula Ludz, Piper, 2017.

（4） Ibid., S. 248.

（5） ハンナ・アーレント『活動的生』森一郎訳、みすず書房、二〇一五年、一二頁。

（6） 同、三〇六–三〇七頁。

（7） Arendt, *Menschen in finsteren Zeiten*, herausgegeben von Ursula Ludz, Piper, 2012, S. 12-13.

（8） Arendt / Blumenfeld, op. cit., S. 248.

（9） Ibid., S. 250.

（10） 『世界現代詩文庫31　ブレヒト詩集』野村修訳、土曜美術社出版販売、二〇〇〇年。「ほんとうに、ぼくの生きる時代は暗い！」から始まるブレヒトの詩「あとから生まれるひとびとに」からの「盗用」だとアーレントはブルーメンフェルトに書いている。

（11） F・メーリング『レッシング伝説　第Ｉ部』小森潔・富田弘・戸谷修訳、風媒社、一九六八年。同『レッシング伝説　第Ⅱ部』小森潔・富田弘・望月一樹・酒井吏訳、風媒社、一九七一年。

（12） レッシング『ミンナ・フォン・バルンヘルム』小宮曠三訳、岩波文庫、一九六二年、一七二頁。

(13) Gotthold Ephraim Lessing, *Werke und Briefe: Briefe von und an Lessing 1743–1770*, herausgegeben von Helmuth Kiesel unter Mitwirkung von Georg Braungart und Klaus Fischer, Deutscher Klassiker Verlag, S. 15–16, S. 20.
(14) メーリング『レッシング伝説　第II部』前掲、四五七頁。
(15) Arendt, *Menschen in finsteren Zeiten*, op. cit., S. 13–14.
(16) Lessing, op. cit., S. 166.
(17) Arendt, op .cit., S. 14–15.
(18) Ibid., S. 44.

第四章　自由について

(1) Hannah Arendt, *Zwischen Vergangenheit und Zukunft: Übungen im politischen Denken I*, herausgegeben von Ursula Ludz, Piper, 2000, S. 410.
(2) “Freiheit und Politik,” Hannah Arendt Papers, Manuscript Division, Library of Congress, Washington, D. C.（ページ番号：022422–022440）
(3) Arendt, “Freiheit und Politik,” in: *Die neue Rundschau* 69, S. Fischer Verlag, 1958, S. 670–694.
(4) Arendt, *Zwischen Vergangenheit und Zukunft*, op. cit. ルッツによる編集の本書は *Between Past and Future* のドイツ語訳ではない。
(5) Arendt, *Between Past and Future: Eight Excercises in Political Thougt*, Viking Press, 1968.（ハンナ・アーレント『過去と未来の間——政治思想への８試論』引田隆也・齋藤純一訳、みすず書房、一九九四年）
(6) Arendt, *Zwischen Vergangenheit und Zukunft*, op. cit., S. 201.

（7）Ibid.
（8）Ibid., S. 202.
（9）Ibid.
（10）モンテスキュー『法の精神』上、前掲、三四三頁。
（11）Arendt, *Zwischen Vergangenheit und Zukunft*, op. cit., S. 204.
（12）Ibid., S. 223.
（13）アーレント『〔新版〕全体主義の起原 3――全体主義』前掲、三五四頁。
（14）Arendt., *Zwischen Vergangenheit und Zukunft*., op. cit, S. 224.
（15）Ibid.
（16）Ibid.
（17）Ibid., S. 224-225.

第五章　理解という営み

（1）ハンナ・アーレント「何が残った？ 母語が残った」拙訳、『アーレント政治思想集成 1』前掲、四－五頁。
（2）アーレント「初版まえがき」拙訳、『〔新版〕全体主義の起原 1――反ユダヤ主義』大久保和郎訳、みすず書房、二〇一七年、xi頁。
（3）アーレント「エリック・フェーゲリンへの返答」山田正行訳、『アーレント政治思想集成 2』前掲、二四四－二四五頁。
（4）Eric Voegelin, "The Origins of Totalitarianism," in: *The Review of Politics* 15, 1953, pp. 69-70. Hannah

Arendt / Eric Voegelin, *Disput über den Totalitarismus*, herausgegeben vom Hannah-Arendt-Institut in Zusammenarbeit mit dem Voegelin-Zentrum, V & R unipress, 2015, S. 44-45.

（5）アーレント、前掲、二四七頁。

（6）イマヌエル・カント『純粋理性批判』上、石川文康訳、二〇一四年、筑摩書房、二〇二頁。

（7）アーレント「組織的な罪と普遍的な責任」齋藤純一訳、『アーレント政治思想集成 1』前掲、一七九頁。

（8）アーレント「理解と政治（理解することの難しさ）」齋藤純一訳、『アーレント政治思想集成 2』前掲、一二二頁。

（9）同、一二三頁。

（10）同、一二四頁。

（11）Hannah Arendt, *Denktagebuch 1950 bis 1973 Erster Band*, op. cit., S. 315.

（12）Ibid., S. 315-316.

（13）L・ケーラー／H・ザーナー編『アーレント＝ヤスパース往復書簡 1』大島かおり訳、みすず書房、二〇〇四年、二四四頁。

（14）同、二五〇頁。

（15）同、二四四－二四五頁。

（16）R・H・ロービア『マッカーシズム』宮地健次郎訳、岩波書店、一九八四年、三五－三六頁参照。

（17）『アーレント＝ヤスパース往復書簡 1』前掲、二四五頁。

（18）同。

（19）同、二四六頁。

（20）同、二四七頁。

（21）同。

（22）一九五〇年にベルリンで設立され、各国に委員会をもった学者、芸術家、作家による会議で、ヤスパースは名誉議長団に名前を連ねていた。アーレントは、会議が出す雑誌に論稿を発表する程度なら問題はないが、組織上の関係をもつことには懸念を感じると伝えた。「この会議は本質的には反ロシアであって、全体主義的方法の原則一般に反対しているのではない」と考えていたヤスパースは、会議宛てに「アメリカにおいてマッカーシーの活動が生んでいる結果にたいし、本会議がきっぱりした反対の姿勢をおおやけに示さないことを遺憾に思っております」と書簡を送り、その後協力から手をひいた。同、二五一頁、二五四頁、三〇九頁、三一〇頁参照。

第六章　世界を愛するということ

（1）鈴木博之『場所に聞く、世界の中の記憶』王国社、二〇〇五年、一七一頁。

（2）ユーリー・コスチャショーフ『創造された「故郷」——ケーニヒスベルクからカリーニングラードへ』橋本伸也・立石洋子訳、岩波書店、二〇一九年、四八頁。

（3）Marion Gräfin Dönhoff, *Namen die keiner mehr nennt*, Deutscher Taschenbuch Verlag, 1964.

（4）ハンナ・アーレント「何が残った？　母語が残った」拙訳、『アーレント政治思想集成 1』前掲、一八頁。

（5）ブリュッヒャー宛の手紙で、「魅力的な人を待っているところ。デーンホフ伯爵夫人、ドイツのジャーナリストで、知性があり、四〇歳前後、美人で、じつに冴えた人」と書き、ミュンヘンの会議の「紳士方」の「虚栄」に対しては冷ややかな態度で、「ほとんどのとき、わたしたちはふたりだけで議論していて〔…〕殿方たちは、これがおもしろくないのです」と書いている。ロッテ・ケーラー編『アーレント＝ブリュッヒャー往復書簡——1936-1968』大島かおり・初見基訳、みすず書房、二〇一四年、四三九頁、四四二頁。

（6）*Untergang oder Übergang: 1. Internationaler Kulturkritikerkongress in München 1958*, herausgegeben von Burkhard Freudenfeld, Werk Verlag Dr. Edmund Banaschewski, 1959.

(7) Arendt, "Kultur und Politik." この講演は、*Untergang oder Übergang* の S. 35-66 に収められるとともに、雑誌『メルクーア』の十二月号（*Merkur* 12, Heft 12, Dezember 1958）に掲載された。『メルクーア』版では冒頭の口頭発表的表現などが削除・訂正されているが、内容に違いはない。Arendt, *Zwischen Vergangenheit und Zukunft*, herausgegeben von Ursula Ludz, Piper, 1994 には『メルクーア』版が採用され、*Untergang oder Übergang* からディスカッションでのアーレントの応答が収録されている。この講演と同年アメリカ合衆国において英語で行なった「社会と文化」という講演原稿とが合わされ、加筆・修正されたものが、一九六八年に公刊された『過去と未来の間』所収の「文化の危機――その社会的・政治的意義」である。Arendt, *Between Past and Future: Eight Exercises in Political Thought*, Viking Press, 1968.『過去と未来の間』引田隆也・齋藤純一訳、みすず書房、一九九四年。

(8) Arendt, "Die Krise in der Erziehung," in: *Zwischen Vergangenheit und Zukunft*, op. cit., S. 275. この論稿は同年英訳が *Partisan Review* に掲載され、その後若干の変更が加えられて *Between Past and Future* に入った。「教育の危機」『過去と未来の間』前掲、二六三頁参照。

(9) Ibid., S. 276. 同、二六四頁参照。

(10) L・ケーラー／H・ザーナー編『アーレント＝ヤスパース往復書簡 2』大島かおり訳、みすず書房、二〇〇四年、四一頁。

(11) Arendt, *Denktagebuch 1950 bis 1973 Erster Band*, op. cit., S. 522.

(12) *Untergang oder Übergang*, op. cit., S. 164.

(13) Ibid.

(14) Ibid., S. 165.

(15) Ibid., S. 165-166. Arendt, *Zwischen Vergangenheit und Zukunft*, op. cit., S. 303-304.

(16) *Untergang oder Übergang*, op. cit., S. 280.

(17) アーレント『活動的生』前掲、三三五－三三六頁。

(18) 同、三九四頁。
(19) 同、三三七頁。
(20) Arendt, "Kultur und Poitik," in: *Zwischen Vergangenheit und Zukunft*, op. cit., S. 282.
(21) トゥキュディデス『歴史』上、小西晴雄訳、ちくま学芸文庫、二〇一三年、一五七頁。
(22) Arendt, op. cit., S. 285-286.
(23) Arendt, *Denktagebuch*, op. cit., S. 575.

第七章　ベンヤミン・エッセイをめぐって

(1) Hannah Arendt, *Men in Dark Times*, Harcourt Brace Jovanovich, 1968.（ハンナ・アレント『暗い時代の人々』阿部齊訳、ちくま学芸文庫、二〇〇五年）。Walter Benjamin, *Illuminations*, edited and with an Introduction by Hannah Arendt, Harcourt Brace Jovanovich, 1968.
(2) L・ケーラー／H・ザーナー編『アーレント＝ヤスパース往復書簡 3――1926-1969』大島かおり訳、みすず書房、二〇〇四年、二三五頁、二四二頁。
(3) Arendt, *Wie ich einmal ohne Dich leben soll, mag ich mir nicht vorstellen*, op. cit.
(4) この『メルクーア』誌の連載は、一九六六年に同誌に掲載されたブレヒト論と合わせて、一九七一年にピーパー社から出版された。Hannah Arendt, *Benjamin, Brecht*, Piper, 1971.
(5) Arendt, *Wie ich einmal ohne Dich leben soll, mag ich mir nicht vorstellen*, op. cit., S. 622. アーレントは原稿のコピーを『ニューヨーカー』誌の編集長ウィリアム・ショーンにも送るように依頼した。九月二八日付の手紙（同 S. 631）によれば、ショーンはそれを『ニューヨーカー』に掲載したいと申し入れている。アーレントは、「それがいつ『ニューヨーカー』に出るかは、第一には私がいつ原稿を仕上げるかにかかっていて、第二にはあなたとショーン氏の合意の仕方にかかっています」と書いている。結果として論稿は、『暗い時代の人びと』および『イルミネーションズ』刊行とほぼ同時期の『ニューヨーカー』一九六八年十月十九日号に掲載された。

（6）C・ブライトマン編『アーレント＝マッカーシー往復書簡』佐藤佐智子訳、法政大学出版局、一九九九年、三七四－三七五頁参照。

（7）ウルズラ・ルッツ編『アーレント＝ハイデガー往復書簡』大島かおり・木田元訳、みすず書房、二〇〇三年、二七二頁参照。

（8）Walter Benjamin, *Briefe*, 2 Bände, herausgegeben und mit Anmerkungen versehen von Gershom Scholem and Theodor W. Adorno, Suhrkamp Verlag, 1966.

（9）"Walter Benjamin, Vortrag in Freiburg," Hannah Arendt Papers, Manuscript Division, Library of Congress, Washington , D. C.（ページ番号：022689-022712）

（10）*Arendt und Benjamin – Texte, Briefe, Dokumente*, herausgegeben von Detlev Schöttker und Erdmut Wizisla, Suhrkamp Verlag, 2006, S. 9.

（11）*Walter Benjamin Schriften*, 2 Bände, herausgegeben von Th. W. Adorno und Gretel Adorno unter Mitwirkung von Friedrich Podszus, Suhrkamp Verlag, 1955.

（12）Gershom Scholem, "Walter Benjamin," in: *Neue Rundschau*, 76, S. Fischer Verlag, 1965, S. 1–21.

（13）一九六八年一月十六日のこの講演には記録映像がある。*Hannah Arendt: On Walter Benjamin*, Michael Blackwood Produciotns.

（14）Arendt, *Men in Dark Times*, op. cit., p. 168.

（15）Ibid., p. 168. この箇所はわずかながら英語版とドイツ語版の表現にずれがある。ドイツ語版は最初のタイプ原稿から一九七一年の公刊版まで変更がないため、ドイツ語の方が正確に理解しうると考え、ドイツ語から訳出した。Arendt, *Menschen in finsteren Zeiten*, op. cit., S. 218.

(16) Arendt, *Denktagebuch 1950 bis 1973 Zweiter Band*, op. cit., S. 655.
(17) 『アーレント＝ヤスパース往復書簡 3――1926-1969』前掲、二九〇頁参照。
(18) 同、二三七頁。
(19) 同、二四七頁。
(20) 『アーレント＝マッカーシー往復書簡』前掲、三八八頁。
(21) Arendt, *Men in Dark Times*, op. cit, pp. 169.
(22) Franz Kafka, *Tagebücher 1910-1923*, herausgegeben von Max Brod, S. Fisher Verlag, 1951, S. 545.
(23) Kafka, *Briefe 1902-1924*, S. Fischer Verlag, 1958, S. 339-347.
(24) Arendt, *Men in Dark Times*, op. cit., p. 186.
(25) Kafka, *Tagebücher*, op. cit, S. 347.
(26) ミハイル・バフチン『小説の言葉』伊東一郎訳、平凡社、一九九六年、六七頁。
(27) ここで展開することはできないが、バフチンのいう「収奪」と「読むこと」と「引用」との関係については、稿を改めていつか考えてみたい。
(28) ヴァルター・ベンヤミン『ベンヤミン・コレクション2――エッセイの思想』浅井健二郎編訳、ちくま学芸文庫、一九九六年、五一三頁。
(29) 同、五四八頁。
(30) Arendt, *Wie ich einmal ohne Dich leben soll, mag ich mir nicht vorstellen*, op. cit., S. 633.

第八章　反逆する心という遺産

(1) ウルズラ・ルッツ編『アーレント＝ハイデガー往復書簡』前掲、二七二頁参照。宇京頼三「ツェランとハイデガー――詩「トートナウベルク」をめぐって」『人文論叢』(21)、三重大学人文学部文化学科、二〇〇四年、一－一五頁参照。
(2) Hannah Arendt, *Menschen in finsteren Zeiten*, op. cit., S. 253.
(3) Moritz Goldstein, "Deutsch Judischer Parnass," in: *Kunstwart*, Jg. 25, Heft 11, 1912, S. 281-294.
(4) Arendt, op. cit., S. 221.
(5) Goldstein, op. cit., S. 292.
(6) Arendt, op. cit., S. 222.
(7) Karl Kraus, *Literatur; oder, Man doch da sehn, magische Operatte in zwei Teilen*, Verlag »Die Fackel«, 1921, S. 3.
(8) ヴァルター・ベンヤミン『ベンヤミン・コレクション 2――エッセイの思想』前掲、五四八頁。
(9) Martin Heidegger, "Hegel und die Griechen," in: *Wegmarken*, Klostermann, 2013, S. 428.
(10) Arendt, op. cit., S. 174.
(11) 市村弘正『敗北の二十世紀』ちくま学芸文庫、二〇〇七年、七八－九〇頁参照。
(12) ツェランの詩「死のフーガ」からの言葉。『パウル・ツェラン詩文集』飯吉光夫編訳、白水社、二〇一二年、一二－一五頁。
(13) Arendt, *Was ist Politik: Fragmente aus dem Nachlaß*, herausgegeben von Ursula Ludz, Piper, 1993, S. 48.
(14) ハンナ・アーレント『[新版] ラーエル・ファルンハーゲン――ドイツ・ロマン派のあるユダヤ女性の伝記』大島かおり訳、みすず書房、二〇二一年。
(15) 大島かおり「訳者あとがき」同、四四四頁。
(16) 同、四四五頁。
(17) アーレント、同、三四一頁。
(18) 渡辺哲夫『二〇世紀精神病理学史――病者の光学で見る二〇世紀思想史の一局面』ちくま学芸文庫、二〇〇五年、一八一－一九九頁。

(19) アーレント、前掲、一〇頁。
(20) 渡辺、前掲、二一二-二一八頁、一八二-一八三頁参照。
(21) アーレント、前掲、二七九頁。
(22) 同、三八七頁。
(23) 同、三〇五頁。
(24) 同、三一〇頁。

第九章 「あいだ」にあるということ

(1) ロッテ・ケーラー編『アーレント＝ブリュッヒャー往復書簡 1936-1968』前掲、一三頁。
(2) ハンナ・アーレント『ラーエル・ファルンハーゲン』前掲、一六九-一七〇頁、一八三頁。
(3) アーレント『活動的生』前掲、一二頁。
(4) Hannah Arendt / Kurt Blumenfeld, *»... in keinem Besitz verwurzelt«, Die Korrespondenz*, op. cit., S. 61-63.
(5) アーレント「理解と政治(理解することの難しさ)」齋藤純一訳、「全体主義の本性について――理解のための試論」拙訳、『アーレント政治思想集成 2』前掲。
(6) Arendt / Blumenfeld, op. cit., S. 289.
(7) ウルズラ・ルッツ編『アーレント＝ハイデガー往復書簡』前掲、一一八-一一九頁。
(8) L・ケーラー/H・ザーナー編『アーレント＝ヤスパース往復書簡 1――1926-1969』前掲、一九二-一九三頁。
(9) Arendt, *Denktagebuch 1950 bis 1973 Erster Band*, op. cit., S. 17.
(10) アーレント『[新版] 全体主義の起原 3――全体主義』前掲、xi頁。

(11) アーレント「理解と政治」前掲、一四三頁。
(12) 同、一四六頁。
(13) モンテスキュー『法の精神』上、前掲、三六頁。
(14) アーレント「全体主義の本性について」前掲、一五七頁。
(15) 同、一五八頁。
(16) 同、一五八－一五九頁。
(17) Arendt, *Denktagebuch*, op. cit., S. 150.
(18) Ibid., S. 160-161.
(19) 埴谷雄高『幻視のなかの政治』未來社、二〇〇一年、二二頁。

第十章　ローザの従姉妹

(1) Hannah Arendt / Kurt Blumenfeld, »... *in keinem Besitz verwurzelt*« *Die Korrespondenz*, herausgegeben von Ingeborg Nordmann und Iris Pilling, op. cit., S. 151-152.
(2) Ibid., S. 155.
(3) Ibid., S. 177.
(4) "Courses, University of California, Berkley, Calif. Ideologies, seminar 1955," Hannah Arendt Papers, Manuscript Division, Library of Congress, Washington, D. C.（ページ番号：024143）
(5) Arendt / Blumenfeld, op. cit., S. 197.
(6) L・ケーラー／H・ザーナー編『アーレント＝ヤスパース往復書簡 2――1926-1969』前掲、一〇四頁。
(7) Arendt, *Die Ungarische Revolution und der totalitäre Imperialismus*, Piper, 1958.

（8） Arendt, *In der Gegenwart – Übungen im politischen Denken II*, herausgegeben von Ursula Ludz, Piper, 2000, S. 423–424.
（9） 『アーレント＝ヤスパース往復書簡 2―― 1926–1969』前掲、一二一頁。
（10） Arendt, *In der Gegenwart*, op. cit., S. 73.
（11） Ibid., S. 76–77.
（12） Ibid., S. 77.
（13） Ibid., S. 99–100.
（14） Ibid., S. 102–103.
（15） イタリアの政治家で作家であったイニャツィオ・シローネは、一九二一年にイタリア共産党結成に参加した活動家であったが、その後スターリン主義に公然と異を唱え、党を除名されている。
（16） Ibid., S. 103.
（17） 『アーレント＝ヤスパース往復書簡 2』前掲、一二六頁－一二七頁。
（18） Arendt, *In der Gegenwart*, op. cit., S. 110.
（19） Ibid., S. 111.
（20） J. P. Nettl, *Rosa Luxemburg*, In Two Volumes, Oxford University Press, 1966.
（21） Arendt, "A Heroine of Revolution", in: *The New York Review of Books* 7 (1966), Nr. 5, pp. 21–27. この論稿は、一九六八年刊行の『暗い時代の人びと』に収録された。"Rosa Luxemburg: 1871–1919" *Men in Dark Times*, Harcourt Brace Jovanovich Publishers, 1968, pp. 33–56.（『暗い時代の人々』阿部齊訳、ちくま学芸文庫、二〇一三年）。
（22） Arendt, *Men in Dark Times*, op. cit., p. 34.
（23） Ibid., p. 35.
（24） Ibid., p. 41.

第十一章　秩序の感覚

（1）ハンナ・アレント『革命について』志水速雄訳、ちくま学芸文庫、一九九五年、四一八頁。“Comment by Hannah Arendt on – ‘The Uses of Revolution’ by Adam Ulam ,” in: *Revolutionary Russia*, edited by Richard Pipes, Harvard University Press, 1968, p. 348.

（2）『アーレント＝ヤスパース往復書簡 3――1926-1969』前掲、二四〇頁。

（3）“Comment by Hannah Arendt on ‘The Uses of Revolution’ by Adam Ulam,” in: *Revolutionary Russia*, edited by Richard Pipes, Harvard University Press, 1968, pp. 344-351.

（4）Ibid., p. 348.

（5）Oskar Anweiler, *Die Rätebewegung in Russland 1905–1921*, E. J. Brill, 1958.

（6）アレント『革命について』前掲、四五三頁。Hannah Arendt, *On Revolution*, Penguin Books, 1990, p. 325. Id., *Über die Revolution*, Piper, 1974, S. 330.

（7）アンヴァイラーからアーレント宛の一九六四年十月六日付の手紙（Hannah Arendt Papers, Library of Congress, ページ番号：004693）

（8）アーレントからアンヴァイラー宛の一九六四年十二月十七日付の手紙（同、ページ番号：004694）

（9）Anweiler, *Die Rätebewegung in Russland*, op. cit., S. 14-15.

（10）アレント『革命について』前掲、四一〇頁。

（11）同、四一一頁。

（12）同、四一五頁。

（13）同、四一七－四一八頁。

(14) 菅原克己「「シンセサイザー・ビートルズ」——またはわれわれに」『菅原克己詩集　一つの机』西田書店、一九八八年、三五頁。
(15) デヴィッド・グレーバー『民主主義の非西洋起源について——「あいだ」の空間の民主主義』片岡大右訳、以文社、二〇二〇年、八-九頁。
(16) 同、一二三頁。
(17) アーレント『暴力について』山田正行訳、みすず書房、二〇〇〇年、二三三頁。
(18) 同、二二二頁。
(19) エリザベス・ヤング＝ブルーエル『ハンナ・アーレント——〈世界への愛〉の物語』大島かおり・矢野久美子・粂田文・橋爪大輝訳、みすず書房、二〇二一年、六三九-六四〇頁。
(20) 同、六四〇頁。
(21) アーレント『暴力について』前掲、二〇七-二〇八頁。
(22) 同、二〇八-二〇九頁。
(23) 同、二一一-二一二頁。

あとがき

本書は二〇一八年から二〇二一年にかけて月刊『みすず』に連載した十一のエッセイに、加筆・修正を行なったものである。連載は「アーレントを読む」というタイトルでスタートしたが、出会いや対話を重ねながら書いてゆくなかで、わたしが今回試みていることとして、「アーレントから読む」という言葉が浮かびあがってきた。

二〇二三年現在、日本でも世界の他の場所でも、アーレントの言葉は頻繁に引用され、さまざまな学問分野での研究も充実している。わたし自身、アーレントを読むことから研究者として歩みはじめ、いくつかの文章も書いてきた。他方で、専門の分化において失われる次元について、私たちは注意ぶかくあらねばならないとも思う。アーレントのイメージを作り上げる、あるいはアーレント像を追加するのではなく、彼女が考えたこと、考えようとしたことを、こうすればよいという教科書あるいは「遺書なしに」継承すること。それはアーレントから読む誰にでも開かれている歴史ではないだろうか。分断ではなく対話、掘りさげてつながるほうへと向きたい。

　これまで助言と励ましをいただいた友人たち、とりわけ市村弘正先生と李静和さんと「アジア・政治・アート」の仲間、そして、連載の担当者として初回から最終回までの時間を共にし、ついにはこの本を完成させてくださった編集者の鈴木英果さんに心から感謝している。本当にありがとう。

二〇二三年十二月

矢野久美子

著者略歴

（やの・くみこ）

1964 年生．東京外国語大学大学院地域文化研究科博士後期課程修了．現在，フェリス女学院大学国際交流学部教授．思想史専攻．著書に，『ハンナ・アーレント、あるいは政治的思考の場所』（みすず書房，2002），『ハンナ・アーレント——「戦争の世紀」を生きた政治哲学者』（中公新書，2014）．訳書に，アーレント『アーレント政治思想集成』全 2 巻（共訳，みすず書房，2002）『反ユダヤ主義——ユダヤ論集 1』『アイヒマン論争——ユダヤ論集 2』（共訳，みすず書房，2013），ヤング＝ブルーエル『なぜアーレントが重要なのか』（みすず書房，2008）『ハンナ・アーレント——〈世界への愛〉の物語』（共訳，みすず書房，2021）ほか．

矢野久美子
アーレントから読む

2024年1月16日　第1刷発行

発行所　株式会社 みすず書房
〒113-0033 東京都文京区本郷2丁目20-7
電話 03-3814-0131(営業) 03-3815-9181(編集)
www.msz.co.jp

本文組版　キャップス
本文印刷所　中央精版印刷
扉・表紙・カバー印刷所　リヒトプランニング
製本所　誠製本
装丁　細野綾子

Printed in Japan
ISBN 978-4-622-09672-6
[アーレントからよむ]